MARCO POLO

SLOWAKEI

Reisen mit **Insider Tipps**

> Es gibt reiche und vielfältige Zeugnisse der Vergangenheit zu entdecken, und Natur und Sp braucht man in der Slowake nicht extra anzupreisen ...
>
> ***MARCO POLO Autor Christoph Hofer***
>
> *(siehe S. 134)*

Spezielle News, Lesermeinungen und Angebote zu Slowakei:
www.marcopolo.de/slowakei

SLOWAKEI

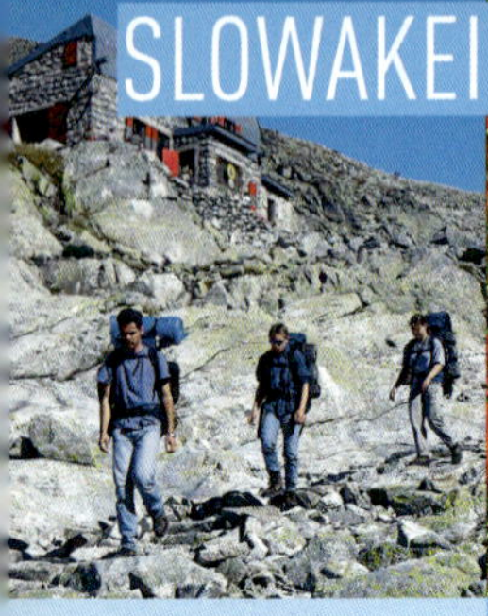

> SYMBOLE

Insider Tipp **MARCO POLO INSIDER-TIPPS**
Von unserem Autor für Sie entdeckt

★ **MARCO POLO HIGHLIGHTS**
Alles, was Sie in der Slowakei kennen sollten

SCHÖNE AUSSICHT

WLAN-HOTSPOT

▶▶ **HIER TRIFFT SICH DIE SZENE**

> PREISKATEGORIEN

HOTELS

€€€ über 80 Euro
€€ 45–80 Euro
€ unter 45 Euro
Die Preise gelten für zwei Personen im Doppelzimmer mit Frühstück pro Nacht

RESTAURANTS

€€€ über 7 Euro
€€ 5–7 Euro
€ unter 5 Euro
Die Preise gelten für ein durchschnittliches Hauptgericht mit Beilage inklusive Getränk

> KARTEN

[124 A1] Seitenzahlen und Koordinaten für den Reiseatlas Slowakei
[0] außerhalb des Kartenausschnitts

Karten von Bratislava, Banská Bystrica, Košice und Trnava finden Sie im hinteren Umschlag

Zu Ihrer Orientierung sind auch die Orte mit Koordinaten versehen, die nicht im Reiseatlas eingetragen sind

DIE BESTEN MARCO POLO INSIDER-TIPPS .... UMSCHLAG
DIE BESTEN MARCO POLO HIGHLIGHTS 4

AUFTAKT 6

SZENE 12

STICHWORTE 16
EVENTS, FESTE & MEHR 22
ESSEN & TRINKEN 24
EINKAUFEN 28

BRATISLAVA/KLEINE KARPATEN 30
DONAUEBENE/WAAGTAL 46
FATRA UND TATRA 62
ERZGEBIRGE 76
ZIPS/OSTSLOWAKEI 86

INHALT

> SZENE

S. 12–15: Trends, Entdeckungen, Hotspots! Was wann wo in der Slowakei los ist, verrät der MARCO POLO Szeneautor vor Ort

> 24 STUNDEN

S. 102/103: Action pur und einmalige Erlebnisse in 24 Stunden! MARCO POLO hat für Sie einen außergewöhnlichen Tag in Bratislava zusammengestellt

> LOW BUDGET

Viel erleben für wenig Geld! Wo Sie zu kleinen Preisen etwas Besonderes genießen und tolle Schnäppchen machen können:

Mit der Bratislava City Card durch die Hauptstadt S. 40 | Preiswerter Schoppen in der Walachen-Schenke S. 52 | Reiterglück für kleines Geld S. 74 | Slowakisch essen – lecker und preiswert S. 84 | Günstig übernachten in Kežmarok S. 91

> GUT ZU WISSEN

Was war wann? S. 10 | Slowakische Spezialitäten S. 26 | Blogs & Podcasts S. 45 | Bücher & Filme S. 59 | Meeraugen S. 72 | G wie Gotische Straße S. 92 | Ferien beim Bauern S. 114

AUF DEM TITEL
Auf Tour durch beeindruckende Höhlen S. 106
Kunst in der Synagoge S. 61

AUSFLÜGE & TOUREN 98
24 STUNDEN IN BRATISLAVA 102
SPORT & AKTIVITÄTEN 104
MIT KINDERN UNTERWEGS 108

PRAKTISCHE HINWEISE 112
SPRACHFÜHRER 118

REISEATLAS SLOWAKEI 122
KARTENLEGENDE REISEATLAS 130

REGISTER 132
IMPRESSUM 133
UNSER AUTOR 134

BLOSS NICHT! 136

ENTDECKEN SIE DIE SLOWAKEI!

Unsere Top 15 führen Sie an die traumhaftesten Orte und zu den spannendsten Sehenswürdigkeiten

Die Highlights sind in der Karte auf dem hinteren Umschlag eingetragen

1 Jánošík-Tage
Das große Folklorefest erinnert an den „Robin Hood der Karpaten" (Seite 23)

2 Burg Bratislava
Die kantige Burg mit ihren vier Ecktürmen ist das berühmteste Wahrzeichen der Hauptstadt (Seite 33)

3 Červený kameň
Wunderbar erhaltene Burganlage in den Kleinen Karpaten mit beeindruckenden Kellergewölben (Seite 41)

4 Slovenský Grob
Nicht nur ausländische Staatsmänner geben sich hier zum Gansessen die Klinke in die Hand (Seite 44)

5 Piešťany
Erholung und Entspannung in den Thermalbädern des traditionsreichen Kurorts (Seite 53)

6 Burg Trenčín
Mittelalterliches Wahrzeichen mit traumhaftem Ausblick über das Waagtal (Seite 56)

7 Floßfahrt auf dem Dunajec
Lassen Sie sich am Grenzfluss zu Polen von singenden „Gondolieri" den Dunajec hinabfahren (Seite 64)

8 Demänova-Höhlen
Zwei der schönsten Höhlen des Landes (Eis und Tropfstein) gleich nebeneinander in der Niederen Tatra (Seite 69)

> DIE BESTEN MARCO POLO HIGHLIGHTS

9 Museumsdorf Vlkolínec
Ein traditionelles Bauerndorf der Niederen Tatra wurde Teil des Unesco-Weltkulturerbes (Seite 71)

10 Bojnice
Verkleidete Märchenfeen und kostümierte Unholde im romantischsten der slowakischen Schlösser (Seite 74)

11 Banská Štiavnica
Die Unesco schützt seit 1993 Gebäude und Einrichtungen des ältesten slowakischen Bergbaureviers (Seite 82)

12 Artikularkirche
Protestantisches Understatement von außen – im Innern der Holzkirche in Kežmarok eröffnet sich katholische Barockpracht (Seite 88)

13 St.-Elisabeth-Dom
Das östlichste Gotteshaus im Stil europäischer Hochgotik steht in Košice – 130 Jahre dauerten die Bauarbeiten (Seite 90)

14 Apostel-Altar
Ein gotischer Superlativ von Meister Paul aus Levoča in der dortigen St.-Jakob-Kirche – phantastisch die lebensnah wirkenden Holzfiguren (Seite 95)

15 Zipser Burg
Eine der größten Burganlagen Europas lädt in der Nähe von Levoča zum Erkunden und Ins-Land-Schauen ein. Im Sommer dient sie als malerische Kulisse für Ritterspiele (Seite 97)

Čičmany: Holzhaus mit Verzierungen

AUFTAKT

Die kleine Slowakei ist ein an Naturschönheiten großes Land, ein Eldorado für Aktivurlauber! Und das nicht nur wegen der Hochgebirgsregion der Tatra, die sportliche Herausforderungen bietet. Das ganze Land ist durchzogen von Berg- und Hügelketten, die fürs Wandern und das Erleben der Natur erschlossen sind. Vielerorts bieten Höhlen spektakuläre Einblicke und laden Thermalquellen zum entspannenden und gesunden Baden ein. Nicht zuletzt werden auch Kulturhungrige bedient, denn nicht nur die Hauptstadt hat einen zauberhaften Altstadtkern zu bieten, nahezu alle Kreisstädte konnten sich ihr ursprüngliches Flair bewahren und wurden in den letzten Jahren wunderschön herausgeputzt.

> Beim Stichwort Slowakei geraten die meisten Westeuropäer immer noch ins Grübeln. War das nun ein Bestandteil Jugoslawiens oder der früheren Tschechoslowakei? In jedem Fall ist die Slowakei immer noch eines der unbekanntesten Länder in der Mitte Europas, das man im Übrigen „weit im Osten" vermutet. Dabei ist sie selbst für deutsche Nordlichter in einer Tagesreise zu erreichen und hat als Urlaubs- und Reiseland auch abseits der Hauptstadt Bratislava und der Hohen Tatra, des touristischen Aushängeschilds, viel zu bieten.

Die Slowakei ist ein kompaktes, überschaubares Reiseziel, von dem man sich auch in wenigen Tagen einen Eindruck verschaffen kann. Berge – von sanften Hügeln bis zu steilen Felswänden – bestimmen das Landschaftsbild. Schon in der Hauptstadt beginnen die Karpaten; sie heißen hier Kleine Karpaten und werden weiter nördlich von den Weißen Karpaten und anderen Höhenzügen abgelöst, die sie mit den Beskiden an der polnischen Grenze verbinden. Im Norden zieht sich die Hohe Tatra mit etlichen Gipfeln, die über 2600 m hinausragen, nordostwärts. Ihr gegenüber liegen die etwas flachere Niedere Tatra und westlich davon die weitgehend unbekannte West-Tatra sowie die Kleine Fatra, die von Žilina aus gut zugänglich ist. Südöstlich schließt sich an das Tatra-Massiv die bizarre Landschaft des slowakischen Karsts an, der im oberen Teil verheißungsvoll „Slowakisches Paradies" genannt wird. Im Herzen des Landes komplettieren die erzhaltigen Mittelgebirge das Gebirgspanorama der Slowakei.

> *Ideale Reviere fürs Wandern und Skifahren*

Eine lieblichere Landschaft präsentieren das untere, breite Tal der hier behäbig dahinfließenden Waag (Váh)

Die letzten Strahlen der Abendsonne tauchen Berggipfel der Hohen Tatra in mildes Licht

und der schmale Streifen der Donauebene im Süden: Landstraßen zwischen Feldern, Wiesen und Hainen, Mohnblumen im Getreide, lange Reihen von Obstbäumen am Wegesrand und Storchennester: ein ländliches Idyll, das nostalgische Gefühle weckt.

In Ost-West-Richtung erstreckt sich die Slowakei von der Ukraine bis nach Österreich. Die längste Grenze trennt das Land von Ungarn, mit dem es eine fast tausendjährige Geschichte verbindet. Weitere Nachbarn sind Polen und die einstige „Brudernation" Tschechien. Auf einem mit der Schweiz vergleichbaren Staatsgebiet leben etwa 5,5 Mio. Menschen. Die größte Entfernung von West nach Ost lässt sich in etwa sechs Autostunden bewältigen. Sie können also in Bratislava mittags aufbrechen, um zum Abendessen in Košice, der zweitgrößten Stadt des Landes, zu sein. Von den schneebedeckten Gipfeln der Hohen Tatra bis zur alten, von ungarischer Lebensart geprägten Festungsstadt Komárno an der Donau dauert die Fahrt gerade mal vier Stunden.

Das Klima der Slowakei ist geprägt von kalten Wintern und heißen Sommern. Was die beste Reisezeit ist, hängt von Ihren sportlichen Vorlieben ab. Von Dezember bis März bietet die Nordslowakei beste Bedingungen für Wintersport. Für die schneefreie Zeit gilt: je nördlicher das Zielgebiet, desto kürzer der Sommer, der aber auch hier ordentlich heiß sein kann. Die liebste Freizeit-

> Thermalquellen und Karsthöhlen

beschäftigung der Slowaken ist das Wandern in ihrer wunderbaren Natur, die sie mit insgesamt neun Nationalparks schützen. Extrembergsteiger, Radler und Mountainbiker sind willkommen, wenn sie sich an die Schutzbestimmungen halten. Doch natürlich gibt es auch hier widerstreitende Interessen: Nicht selten kämpfen Tourismusmanager und Naturschützer hartnäckig um die Nutzung attraktiver Gebiete. Alles in allem ist die Slowakei touristisch gut bis sehr gut erschlossen. Seit der politischen Wende wurden die meisten staatlichen Hotels und Gastronomiebetriebe privatisiert, und laufend entstehen weitere kleine Hotels und Pensionen. Denn die Slowaken mögen es gemütlich – dazu gehört in den Hotels und Restaurants der Bergregionen vor allem ein Kamin in der guten Stube.

WAS WAR WANN?

Geschichtstabelle

5.–6. Jh. n. Chr. Slawische Stämme besiedeln das heutige Gebiet der Slowakei

833–907 Die Slowakei wird Teil des Großmährischen Reiches, das die Madjaren schließlich zerschlagen

1001 König Stefan I. begründet die ungarische Monarchie, deren Teil die Slowakei ist

1526 Nach der Niederlage gegen die Osmanen gelangen die Habsburger an die Macht und stellen bis 1918 die Könige in Ungarn

1848/49 Kampf der slowakischen Eliten um nationale Selbstbestimmung

1918 Gründung der ersten Tschechoslowakischen Republik

1939–45 Mit Hilfe Hitlers regiert Jozef Tiso den klero-faschistischen Slowakischen Staat

Februar 1948 Kommunistische Machtübernahme

1968 Der „Prager Frühling" wird von sowjetischen Truppen niedergeschlagen

1989 Die „Samtene Revolution" führt zur Auflösung des sozialistischen Regimes

1993 Friedliche Abspaltung aus dem Verbund mit den Tschechen

1998 Der populistische Autokrat Vladimír Mečiar wird von einer bürgerlich-sozialdemokratischen Koalition unter Mikuláš Dzurinda abgelöst

2004 Beitritt zur EU

2009 Einführung des Euro

2009 Wahl einer rechtsliberalen Regierung aus mehreren Parteien unter Iveta Radičová, der ersten Premierministerin in der Geschichte der Slowakei

Das zweitliebste Freizeitvergnügen des Bergvolks der Slowaken ist das Baden – vorzugsweise in warmem Thermalwasser. Und dazu haben auch Reisende in fast jedem Winkel des Landes Gelegenheit. Berühmte Kurstädte mit heilenden Thermalquellen sind Piešt'any, Trenčianske Teplice und Bardejovské Kúpele, wo sich zunehmend wieder ausländische Kur- und Wellnessgäste treffen. Auch in der Tatra, in den Mittelgebirgen und in der Donauebene können Sie in wohltemperierten Bassins plantschen. Mit den Thermalquellen hängt ein weiteres Charakteristikum der Slowakei zusammen: der Reichtum an Höhlen. In jeder Landesregion gibt es bizarre Tropfsteingebilde zu bestaunen. Durch dunkle Gänge gelangen die Besucher in Hohlräume, die unterirdischen Sälen gleichen. Ist die Natur vielfach noch ursprünglich, so können Sie die das Land einst prägende bäuerliche Kultur fast nur noch in Freilichtmuseen finden. Das dafür ausgiebig, denn durch die zahlreichen Gebirgszüge bildeten sich viele Mikroregionen mit unterschiedlichen Baustilen aus, denen in den Museumsdörfern des Landes detailreich Rechnung getragen wird.

Auch wer sich eher für Kunst und Geschichte des bis 1918 nur als „Oberungarn" bekannten Landes interessiert, wird nicht enttäuscht. Dreh- und Angelpunkt ist Bratislava. Die nur 60 km von Wien entfernte Hauptstadt zeichnet ein vertrautes Bild: die Kulisse der Altstadt ist die einer mittleren österreichischen Stadt, mit viel Gesims, Erkern und prächtigen Portalen. An den Fassaden blitzt das slowakische Temperament mitunter in kräftigen Bonbonfarben auf. Im Übrigen ist das Treiben der Menschen ostmitteleuropäisch gemächlich. Hektik wird eher als Zeichen von Betriebsamkeit nach außen demonstriert, als dass sie das Leben tatsächlich beherrscht. Das Leben wird gern südländisch gelassen angepackt. Davon zeugen nicht zuletzt abends die vielen Flaneure, Café- und Kneipenbesucher. Man liebt es, sich in der Stadt zu verabreden, meist am *Korzo* (Korso), wie ihn auch die Italiener kennen. Ausgehen, sich amüsieren ist den Slowaken trotz wirtschaftlich schwieriger Zeiten ein Bedürfnis. Das kulturelle Leben in Bratislava und anderen Zentren wie Banská Bystrica oder Košice ist rege, zuweilen erstaunlich vielfältig und experimentierfreudig. Die Importe aus der US-Unterhaltungsindustrie sind zwar allgegenwärtig, doch es fehlt nicht an selbstbewussten Eigenkreationen in Pop und Jazz sowie in Film und Theater, ganz zu schweigen von der produktiven Literatur- und Kunstszene. Die Slowaken besitzen einen ganz eigenen Humor, der bodenständig-direkt daherkommt. Neben derben Tönen ist aber auch viel Menschlichkeit darin enthalten, die Sie auch als Besucher erleben werden – ebenso wie eine herzliche Gastfreundschaft.

In Europa angekommen – ein „junges“ Land im Aufbruch

> Südländische Gelassenheit

TREND GUIDE SLOWAKEI

Die heißesten Entdeckungen und Hotspots! Unser Szene-Scout zeigt Ihnen, was angesagt ist

Katharina Sommer
Unser Szene-Scout liebt die Slowakei. Aus diesem Grund reist die Journalistin mehrmals im Jahr kreuz und quer durch das Land zwischen Donau und Tatra. Dabei ist sie immer auf der Suche nach den neuesten Trends, den besten Hotels, den coolsten Shops und den modernsten Galerien. In Bratislava hat sie die Tearooms mit ihrem entspannten Flair für sich entdeckt.

MINIMALISMUS

Die Zeichen stehen auf Design

Up to date präsentieren sich Fashion, Architektur und Produktdesign. Die Slowakei hält internationaler Konkurrenz gelassen Stand. Immer wieder wandern Auszeichnungen und Preise ins Land. Zur Freude der Regierung, denn sie subventioniert ihre Talente. Haute Couture vom Feinsten entwirft Modeschöpferin Vladimíra Bebčáková aus edlen Materialien. En vogue *(Studio, Suché Mýto 2, Bratislava, www.vladimirafashion.com)*. Zeitlose Mode, angenehme Stoffe und super Qualität zu erschwinglichen Preisen sind die Topics der *Lifeline* Firmenphilosophie. Groß geschrieben wird auch die Nachwuchsförderung. *Lifeline*-Wettbewerbe spornen junge Designer an und lassen sie vor Kreativität nur so sprühen *(Shop z.B. Hlavná 23, Trnava, www.lifeline.sk)*. Das Möbel-Label *Domark* symbolisiert Lifestyle, Funktionalität und Klarheit. Wohlfühlkonzepte harmonisieren mit trendigem Interieur *(Dolné Rudiny 1, Žilina, www.domark.sk,* Foto*)*.

SZENE

FUSION FOOD

Kochexperimente

Erlaubt ist, was schmeckt! So kreieren Köche verwegene Kombinationen und mixen Zutaten und Traditionen. „East meets west" lautet das Motto im Restaurant *Flowers*, dessen Name von Bildern Andy Warhols herkommt. Rinderrippen mit Honig und Bohnensuppe mit Ziegenkäse werden hier von Limettencreme mit Pistazien als Dessert gekrönt *(Ventúrska 1, Erdödy-Palast, Bratislava, www.flowersrestaurant.sk)*. Mit Gerichten wie Hühnersteak mit Vanilleschaum und Safranbalsamico werden Experimentierfreudige im *Impresia* überrascht *(Záhradnícka 46, Bratislava, www.impresia.eu)*. Im georgischen Restaurant *Babu* verleiht Avtandil Žedgenidze seinen Rezepten wie gedünstetem Lammfleisch auf Weißwein mit georgischen Gewürzen das gewisse Etwas *(Hodžovo námestie 2, Bratislava, www.bratislava.babu.sk, Foto)*.

KREATIVE BÜHNEN

Experimentell und kritisch

Alternativ und unkonventionell – kleine, unabhängige Bühnen sind angesagter denn je. *Made in GUnaGU* bedeutet frech und locker, thematisch sind die Stücke oftmals unbequem *(Františkánske námestie 7, Bratislava, www.gunagu.sk, Foto)*. Im *Divadlo a ha* werden Klassiker neu inszeniert und avantgardistische Stücke aufgeführt. Außerdem bietet das Theater Raum für Schauspiel- und Pantomimeworkshops *(Školská 14, Bratislava, www.divadloaha.sk)*. Das Ensemble des etablierten und weit über die Slowakei hinaus populären Theaters *Nová Scéna* ist mit seinen Performances aus Musik und Tanz mittlerweile Kult *(Živnostenská 1, Bratislava, www.novascena.sk)*.

POP À LA SLOVAKIA

Starke Stimmen und griffige Beats

Slowakischer Pop kombiniert Soul, Jazz und Folklore. Statt Glitter und Sternchen setzen die Interpreten mehr auf Tiefe. Die Slowakei suchte den Superstar und fand ihn in Katarína Koščová. Seither ist die Künstlerin mit ihrer expressiv souligen Stimme aus den Charts nicht mehr wegzudenken *(www.katkakosc.sk)*. Die Sängerin Zuzana Smatanová hat sich mit ganzer Seele dem Rock und Pop verschrieben. Ihre Songs textet und komponiert sie selbst *(www.zuzanasmatanova.sk,* Foto*)*. Zdenka Predná überzeugt bei ihren zahlreichen Konzerten durch Power und groovige Beats *(www.zdenkapredna.sk)*. Pop-Idol Tomáš Bezdeda katapultierte sich als Finalist bei der Superstarsuche in die oberen Ranglisten. Fetzige Rhythmen gehören ebenso zu seinem Repertoire wie Balladen *(www.tomas-bezdeda.com)*. Regelmäßig Livekonzerte gibt es im stylishen Club *Bar-Bar* in Skalica *(Športová 15, Skalica, www.bar-bar.sk)* oder im rockigen *Alligator Pub (Laurinská 7, Bratislava)*.

TEE UND MEHR

Čaj ist total in

Szenegänger chillen in Tearooms, auch *Čajovňa* genannt. Inspiriert vom Asiastyle zeigen sie sich alternativ, bunt und heimelig. Zusätzlich werden sie oft als Galerie und/oder Shop genutzt. Moderne Kunst gehört zur *Galéria Michalský dvor* genauso wie außergewöhnliche Tees. Das Innendesign der *Čajovňa* übernahm Maler Fero Lipták *(Michalská 3, Bratislava, www.gallery.sk)*. Mit Flauschkissen, farbigem Mobiliar, Kerzenlicht und Shishas schmeckt der Tee hier besonders gut. An warmen Tagen tummeln sich die Gäste im kleinen, verwilderten Garten der *Čajovňa u veselého slona (Radlinského 24 B, Bratislava, www.uveselehoslona.szm.sk,* Foto*)*. Niedrige Tischchen und Sitzkissen sind die Markenzeichen der *Čajovňa v Podzam*. Hier kann man sogar das Teegeschirr kaufen *(Bernolákova 1, Bratislava, www.cajovnavpodzemi.sk)*.

ELDORADO FÜR CLIMBER

Je höher, desto besser

Kletter- und Boulderhallen wachsen wie Pilze aus dem Boden. Als wahre Herausforderung gilt die 250 m² große Kletterwand des *Bloc-Bouldering Club (Záhradnícka 93, Bratislava, www.bloc.sk)*. Ob Profi oder Anfänger, die rund 100 Routen im Kletterzentrum *Vertigo* fordern garantiert jeden. Tipps und Tricks werden in der Fitnessbar ausgetauscht. Ausrüstungsverleih und Store inklusive *(Trenčianska 47, Bratislava, www.lezeckecentrum.sk,* Foto*)*. Im *K2* in Žilina und Poprad klettern Könner an bunten Wänden bis an die Decke *(Dhlhé Hony, Zoc Max, Poprad; Hečkova 6, Žilina)*.

BOTELS MIT GLAM-FAKTOR

Boot und Hotel in einem

Schiffe, die ausgedient haben, bekommen eine neue Aufgabe: Sie werden zu Hotels umfunktioniert! Der Mix nennt sich Botel. Die Betreiber setzen auf sanften Wellengang und Glamour pur. Features wie Terrasse oder Internetzugang gehören im 4-Sterne *Botel Marina* zum Standard *(Nábrežie gen. L. Svobodu, Bratislava, www.botelmarina.sk,* Foto*)*. Großzügig in den Farbtopf gegriffen wurde für das Exterieur des *Botels Fairway (Nábrežie gen. L. Svobodu, Bratislava, www.botelfairway.sk)*.

FROSTIGE ZEITEN

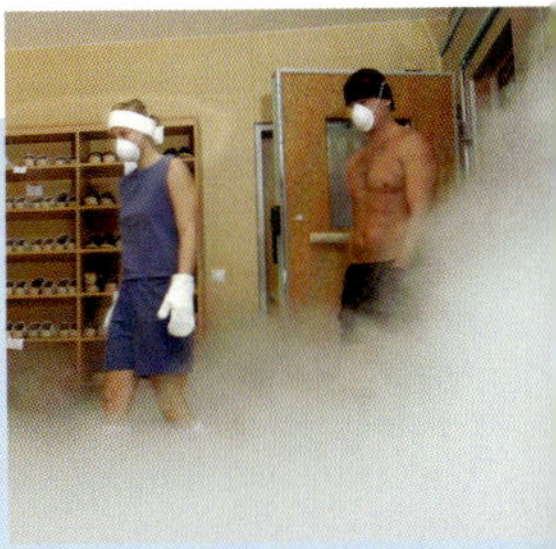

Wellness bei Minusgraden

Es hat sich ausgeschwitzt! Wellnesstempel setzen auf klirrende Kälte! *Kryotherapie* ist der neueste Schrei für Leib und Seele, denn die kurzfristige Körperabkühlung bei bis zu minus 110°C verbessert Kondition und Wohlbefinden. Gänsehaut für die Gesundheit ist im Kurbad *Dudince (Kúpeľná, www.dudince.eu)* zu haben. Oberstes Gebot nach dem Kälteschock und Bestandteil der Therapie ist Bewegung. Das gilt auch für die *Kryo* im *Aquacity Poprad* Erlebnisbad *(Športová, 1397/1, www.aquacity.sk,* Foto*)*.

> BERGE, BÄDER, BURGEN

Das Land besitzt große Kulturschätze und eine herrliche Natur. Die Gesellschaft aber hat noch immer am Umbruch zu tragen

ARTIKULAR-KIRCHEN

In der Zeit der Gegenreformation sollte der Protestantismus eingedämmt werden. Den Glaubensabweichlern wurde das Leben schwer gemacht, indem sie ihre Kirchen nur nach bestimmten Grundsätzen, den sogenannten Artikeln (daher die Bezeichnung Artikularkirchen) eines Reichstagsbeschlusses bauen durften: außerhalb der Stadtmauer, nur aus Holz und ohne Verwendung von Nägeln. So entstanden wunderbare hölzerne Gotteshäuser, die heute zu den Touristenattraktionen zählen. Das Schönste steht in Kežmarok.

BEVÖLKERUNG

Sehr spät und unter Mühen zur Nation geworden, kehrt die slowakische

Bild: Artikularkirche von Kežmarok

STICH WORTE

Bevölkerung ihr Nationalbewusstsein manchmal etwas zu beflissen hervor. Dabei könnte gerade sie in einem sich vereinenden Europa auf die lange Tradition friedlicher Völker-Koexistenz hinweisen und darauf stolz sein! Von den etwa 5,5 Mio. Einwohnern gehören 14,4 Prozent zu einer der Minderheiten. Die größte bilden die Ungarn mit 10,6 Prozent; sie konzentrieren sich in den südlichen Landesteilen, wo es erst seit dem Friedensvertrag von 1918 eine Staatsgrenze gibt. Die Roma scheinen mit der statistisch ermittelten Zahl von 1,4 Prozent eine verschwindend kleine Volksgruppe zu bilden. Ihr tatsächlicher Anteil an der Bevölkerung wird jedoch auf 7,8 Prozent geschätzt. Sie gehören vielfach zu den Verlierern der slowakischen Gesellschaft – sie haben z. B. die höchsten Arbeitslosenquoten –, auch wenn inzwischen Integrationsmaßnahmen durchgeführt werden. Neben den ungarischen im Süden finden sich zweisprachige Ortsschilder auch im Osten. Hier lebt die ruthenische Minderheit (0,6 Prozent). Die einst besonders in den westslowakischen Städten sowie in der Zips und den mittelslowakischen Bergbaustädten ansässigen Deutschen kommen heute nur noch auf 0,1 Prozent. Sie heißen hier Karpatendeutsche.

BURGEN

Wehrhaft mussten die slowakischen Städte und wichtigen Grenzfestungen sein. Gefahr drohte immer wieder von den Osmanen, die mehr als ein Jahrhundert lang das heutige ungarische Staatsgebiet besetzt hielten, auch nach „Oberungarn" schielten und Beutezüge bis in die Tatra wagten. Über 100 Burgen verzeichnet das Denkmalschutzamt, manche als kaum beachtete Ruinen, einige als stattliche Museen zugänglich gemacht, wieder andere zu Schlössern verfeinert.

CHATA

Auf keinen Fall mit einem „sch" sprechen, sonst versteht Sie keiner! *Chata* (mit kehligem „ch"-Laut) bedeutet eigentlich „Hütte", doch können sich dahinter wahre Landsitze verbergen. Jeder Stadtbewohner hätte gern eine, und wer eine besitzt, flüchtet am Wochenende oder im Sommer dorthin. Wochenendhäuschen oder Datsche ist also ihre tatsächliche Bedeutung, im Tourismusbereich sind mit *chaty* Ferienhäuschen gemeint, die zur Vermietung stehen.

FREILICHTMUSEEN

In der Slowakei gibt es zurzeit zehn Freilichtmuseen. Die spät einsetzende Industrialisierung nach dem Zweiten Weltkrieg brachte vor allem die traditionelle Dorfarchitektur zum Verschwinden. Jeder wollte auch auf dem Land „modern" wohnen und ließ sich ein nichtssagendes Normhaus hinstellen. In den *skanzen* genannten Freilichtmuseen sind heute Gebäude zu sehen, die einmal charakteristisch für die jeweilige Gegend waren.

HÖHLEN

Die Karstgebirge der Slowakei sind ein wahres Paradies für Höhlenfans! Die geologische Beschaffenheit des Landes hat die Herausbildung ungewöhnlich vieler Höhlen begünstigt. Unter Naturschutz stehen die Karstgebiete rund um Rožňava, ein seltener Hochgebirgskarst kommt in der Hohen Tatra vor. Einige Höhlen hat die Unesco als Weltnaturerbe anerkannt. Insgesamt sind in der Slowakei über 4000 Höhlen registriert – die schönsten und größten sind öffentlich zugänglich. Ein Zentrum der Höhlenforschung (mit Museum) ist Liptovský Mikuláš.

JÁNOŠÍK

Er gilt als „Robin Hood der Karpaten", und die Slowaken identifizieren sich auch heute noch gern mit ihm. Nachgesagt werden ihm Mut und Kraft sowie Klugheit und Gerechtigkeitssinn. Der slowakische Mythos geht auf eine reale Gestalt zurück, die 1688 in Terchová unweit von Žilina geboren wurde. Jánošík trieb sein „Unwesen“ als Räuberhauptmann, der Händler und Reisende auf ihrem Weg über die Karpatenpässe beraubte. Unschuldig in Not geratene Bauern und andere Leibeigene soll er dagegen beschenkt haben. Seinen Tod fand er 1713 nach einem Gerichtsprozess: Im Gefängnis von Liptovský Mikuláš wurde er hingerichtet. Sein unrühmliches Ende lieferte zahlreichen Liedern, Sagen und Märchen weiteren Stoff.

NATIONALPARKS

Der älteste und berühmteste ist der Nationalpark Hohe Tatra (seit 1948); flächenmäßig an zweiter Stelle steht derjenige der Niederen Tatra (1978). Dann gibt es noch den Nationalpark der Pieninen (1967) sowie den des Slowakischen Paradieses und der Kleinen Fatra. In den 1990er-Jahren kamen noch die Nationalparks des Muráň-Plateaus und der Poloniny an der polnisch-ukrainischen Grenze hinzu. Inzwischen wurde auch die Große Fatra zu dieser besonderen Schutzzone erhoben. Für die Nationalparks gelten strenge Vorschriften. Wer sie missachtet, muss mit hohen Geldstrafen rechnen – und die Beamten der Nationalparkverwaltungen sind täglich unterwegs. Viele der Informationszentren bieten geführte Touren durch die schönsten und für Individualbesucher mitunter auch gesperrten Gebiete an.

Überirdisch: Aus dem Morgennebel ragt die Zipser Burg hervor

PANELÁK

In der Slowakei ist er ein fester Bestandteil jeder städtischen Peripherie: der *panelák* (Plattenbau). Um nach dem Zweiten Weltkrieg schnell Wohnraum zu schaffen, wurden in der damaligen Tschechoslowakei 92 Prozent aller Staats- und Genossenschaftswohnungen in dieser äußerlich eintönigen Bauweise errichtet. In Žilina produziert der letzte Betrieb die notwendigen Platten, und in dieser Region werden sie heute auch hauptsächlich noch verbaut.

POLITIK UND WIRTSCHAFT

Seit der tschechoslowakischen Staatsgründung 1918 hatte sich die Slowakei nie als gleichberechtigter Partner im Verbund mit den Tschechen gefühlt. Nach 1968 erreichte sie zwar eine staatspolitische Gleichstellung in einer neu gestalteten Föderation, doch das nationale Minderwertigkeitsgefühl blieb. Erst nach der Wende von 1989 wurde eine tiefgreifende – und friedliche – Veränderung möglich, und zum 1. Januar 1993 trat die Trennung beider Landesteile in Kraft. Nach zwei Amtszeiten der Mitte-Rechts-Koalition unter Mikuláš Dzurinda, der dem Land einen Aufschwung bescherte, übernahm 2006 der links orientierte Populist Robert Fico zusammen mit den Nationalisten die Regierung. Die Wahlen 2010 gewann zwar wieder die linke SMER von Róbert Fico, sie konnte mit den Nationalisten aber keine Regierung bilden. Die Regierungskoalition kam aus Dzurindas SDKÚ und DS (Demokratischer Partei), der ungarischen Partei Most-Híd, der Partei SaS (Freiheit und Solidarität) und den Christdemokraten KDH zustande. Die Slowakei bekam die erste Ministerpräsidentin ihrer Geschichte: Iveta Radičová. 2004 war das Land nach tiefgreifenden Reformen bereits der EU beigetreten; 2009 folgte die Einführung des Euro. Immer noch bestimmen Privatisierung und Modernisierung das Geschäft. Einst gemieden, wird die Slowakei auch dank des Euro bei ausländischen Firmen zunehmend beliebter. Mit dem südkoreanischen KIA-Konzern (Hyundai) hat sich nach Volkswagen (in Bratislava) und Peugeot-Citroën (in Trnava) die dritte Autofabrik im Westen (in Žilina) des Landes angesiedelt. Das Durchschnittseinkommen liegt bei ca. 750 Euro im Monat, wobei etwa ein Drittel der Slowaken immer noch weniger als 500 Euro verdient. Und glücklich ist, wer überhaupt einen Arbeitsplatz hat. Die ländlichen Regionen und die Ostslowakei bringen den Arbeitslosenzahlen hohe Zuwächse ein. Die Arbeitslosenquote erreichte 2011 landesweit ca. 13 Prozent. Die traditionellen Schwerpunkte der Wirtschaft liegen in der Metallverarbeitung und im Maschinenbau, gefolgt vom Fahrzeugbau und der Gummiherstellung (Matador-Reifen). Land- und Forstwirtschaft rangieren mit weniger als je 10 Prozent weiter hinten. Tourismus und Dienstleistungssektor heißen die Branchen der Zukunft. Im Übrigen hat die slowakische Wirtschaft immer noch mit Vetternwirtschaft und Korruption zu kämpfen.

SNP

Allerorten werden Sie dieser Abkürzung begegnen. Damit ist der Slowakische Nationalaufstand *(Slovenské národné povstanie)* gemeint, der bewaffnete Partisanenkampf im Sommer 1944 gegen das klero-faschistische Regime des Slowakischen Staates, der unter dem Schutz Nazi-Deutschlands nach der Zerschlagung der ersten Tschechoslowakischen Republik entstanden war. Die kämpfenden Einheiten wurden von der Exilregierung in London geleitet und von den Alliierten, später auch von der Sowjetarmee militärisch unterstützt. Als Staatspräsident Jozef Tiso deutsche Truppen gegen die Rebellen im eigenen Land zu Hilfe rief, eskalierte der lange vorbereitete Widerstand. Am 29. August 1944 begannen die blutigen Auseinandersetzungen, in denen Tausende ihr Leben ließen. Im sozialistischen Regime einseitig heroisiert, begann nach 1989 eine nüchterne Aufarbeitung der Epoche des unheilvollen Slowakischen Staates. Sie verschweigt auch die massenhafte Deportation slowakischer Juden in die Gaskammern nicht, die nicht zuletzt durch slowakische Kollaborateure ermöglicht wurde.

Halbierte Schüssel: Museum für den Slowakischen Nationalaufstand in Banská Bystrica

THERMALWASSER

Die Slowakei ist ein Land, in dem an vielen Stellen mineralhaltiges Wasser aus dem Boden sprudelt. Insgesamt gibt es 40 Thermalbäder; enige Thermen sind Bestandteil der traditionsreichen Kurorte wie Piešťany, Trenčianske Teplice oder Bardejovské Kúpele. Die Unterkünfte wurden inzwischen weitgehend modernisiert, die Dienstleistungen rund um den Kurbetrieb erweitert und den heutigen Bedürfnissen angepasst. Auch ohne wochenlange Kuranwendung gebucht zu haben, können Sie sich an Wannenbäder, Schlammpackungen und Massagen gönnen, die auch für Kurzzeitgäste in Heilbädern zu moderaten Preisen angeboten werden.

HOCHSAISON FÜR FOLKLOREFESTE

Im Sommer wird getanzt und aufgespielt, im Herbst und Winter schlägt die Stunde der Weingenießer

> Die Slowaken finden rund ums Jahr viele Gelegenheiten, um fröhlich zusammenzukommen und zu feiern. Vor allem die zahlreichen Folklore- und Weinfeste sind für Besucher attraktiv.

FEIERTAGE

1. Jan. Neujahr und Gründungstag der Slowakei; **6. Jan.** Dreikönigstag; **Karfreitag; Ostermontag; 1. Mai** Tag der Arbeit; **8. Mai** Tag des Sieges über den Faschismus; **5. Juli** Feiertag der Hl. Kyrill und Method; **29. Aug.** Jahrestag des Slowakischen Nationalaufstands; **1. Sept.** Tag der slowakischen Verfassung; **15. Sept.** Fest der schmerzensreichen Mutter Gottes, Patronin der Slowakei; **1. Nov.** Allerheiligen; **25./26. Dez.** Weihnachten

FESTE UND VERANSTALTUNGEN

Februar

Insider Tipp *Traditionelles Winteraustreiben* in Štrbské Pleso, Terchová und Vlkolínec; Veranstaltungen in herrlicher Hochgebirgslandschaft, wobei Kostümierte zu Musik und Tanz den Winter in Form einer Strohpuppe aus dem Ort tragen.

Hundeschlittenrennen in Donovaly in der Niederen Tatra.

April

★ *Weinmarkt* in Pezinok (2. Wochenende); Weinausstellung mit Verkostung der prämierten Vorjahrsweine, mit Teilnehmern aus den angrenzenden Weinregionen Mähren und Neusiedl.

Internationaler Wasserslalom in Liptovský Mikuláš.

Mai

Poprader Kutsche am Fuß der Tatra; Folk- und Country-Wettbewerbe.

Festliche Eröffnung der Sommersaison auf der Zipser Burg.

Internationales Festival der Geister und Gespenster im Schloss Bojnice.

Juni/Juli

Die Hochsaison für *Folklorefeste*, die renommiertesten finden in Východná (Tatra), Detva (Erzgebirge) und in Svidník

> EVENTS FESTE & MEHR

(Östl. Karpaten) statt. Neben Volkstanz gibt es in Kežmarok (Zips) und auf der Orava-Burg (West-Tatra) schöne Handwerkermärkte.
Pohoda ist das größte Popfestival des Landes und stellt am zweiten Juli-Wochenende ganz Trenčín auf den Kopf, *www.pohodafestival.sk*

August
★ *Jánošík-Tage* in Terchová (Anfang des Monats, *www.janosikovedni.sk*); traditionsreiches Folkloreereignis mit handwerklichen Produkten. Eine Woche später spielen hier Folkrock-Bands auf.
Nationalwallfahrt auf den Kriváň (Hohe Tatra); eine gute Gelegenheit, sich beim Wandern unter Slowaken zu mischen.
Mountainbike-Marathon in Banská Štiavnica; Wettfahrten im Bergmannsrevier.

September
Bratislavské hudobné slávnosti (BHS) in Bratislava; bedeutendes Musikfestival für klassische Musik; Forum für preisgekrönte einheimische und internationale junge Interpreten. *Auskunft: Nationales Musikzentrum | Tel. 02/54 43 03 78 | www.hc.sk oder www.bhs-festival.sk*
Weinlese abwechselnd in Pezinok oder Modra (Mitte des Monats); bei Umzügen wird der frisch vergorene Wein *(burčiak)* ausgeschenkt, dazu gibt's deftiges Essen.
Tage des Salamanders in Banská Štiavnica (Anfang des Monats); farbenprächtige Umzüge zu Ehren des Bergbaus.

November
Jazztage in Bratislava und Prešov.
Fotomonat in Bratislava; in vielen Galerien, Museen und Institutionen der Stadt wird zeitgenössische internationale Fotografie präsentiert.
Tag der offenen Weinkeller in Pezinok (Kleine Karpaten); eine gute Gelegenheit, Weine und Winzer der Region kennenzulernen. Insider Tipp

Dezember
Weihnachtsmärkte in Bratislava und weiteren Städten, wo man landestypische Produkte verkauft.

> HANDFESTE KOST

Die slowakische Küche ist nichts für Gourmets. Gegessen wird gern und deftig – das dichte Netz an Gastwirtschaften spricht eine deutliche Sprache

> Die typisch slowakische Küche ist eine karge Küche, entstanden aufgrund der rauen Bedingungen in den Bergen. Da gab es neben Teigwaren vor allem Breie aus geschrotetem Getreide oder Hülsenfrüchten, später auch Kartoffeln und natürlich viel Kraut.

Naturkostler könnten eigentlich frohlocken, doch leider werden diese Komponenten der urslowakischen Küche heute weitgehend außer Acht gelassen. Auf den Speisekarten der Restaurants finden Sie eher das, was bei uns in den 1970er-Jahren als modern galt. Hinzu kommen seit der Wende Einflüsse beliebter internationaler Küchen, wie z. B. Spaghetti oder Pizza. Doch Achtung, Sie werden meist eine „slowakische" Variante serviert bekommen, und die deckt sich nicht immer mit dem, was Sie sich vielleicht darunter vorstellen.

Die Slowaken essen gern und deftig. Nicht selten ist, wie in mediterra-

Bild: Grandhotel Praha in Tatranská Lomnica

ESSEN & TRINKEN

nen Ländern, warmes Mittag- und Abendessen üblich. Für die Morgenmahlzeit darf's ebenfalls gern üppig sein, wobei man in den Hotels meist zu Frühstücksbüfetts übergegangen ist, die hier „schwedische Tische" genannt werden *(švédske stoly)*. Die Speisekarten beginnen mit Vorspeisen *(predjedlá)*, wobei zwischen kalt *(studené)* und warm *(teplé)* unterschieden wird. Zu den typischen Vorspeisen gehört die Schinkenrolle *(šunková rol'ka)*, die Frischkäse umhüllt. In kleinen, familiären Gasthäusern sind Suppen *(polievka)* zu empfehlen. Hier werden Rinder- und Hühnerbouillon noch frisch zubereitet. Traditionelle slowakische Suppen sind Knoblauchsuppe *(cesnaková polievka)* und Krautsuppe *(kapustnica)*, die Schweinefleisch, deftige Wurst, Pilze und Graupen enthalten sollte und mit einem Klecks Rahm abgeschmeckt wird.

Bei den warmen Speisen werden Sie sich zwischen einer Vielzahl an Fleischgerichten entscheiden müssen, ohne dass diese wirklich differenziert zubereitet werden. Gut beraten ist man mit paniertem *(vyprážané mäso)* oder gegrilltem *(na rošte)* Fleisch. Die Beilagen *(prílohy)* wählt man meist gesondert, eine Gemüsedekoration *(obloha)* gehört jedoch häufig zum Gericht dazu. Frischen Salat werden Sie eher vergeblich suchen. Beliebt und schmackhaft sind aber Krautsalate (*kapustový šalát*). Außerdem gibt es Gurkensalat (*uhorkový šalát,* mit Knoblauch!) und

> SPEZIALITÄTEN

Genießen Sie die typisch slowakische Küche!

Bryndzové halušky – das Nationalgericht: Kartoffelnocken, die aus einem Teig à la Gnocchi gemacht werden. Sie werden mit Schafsfrischkäse vermengt, den man auf Deutsch Brimsen nennt. Darüber kommt eine Portion Grieben, also ausgelassener Schweinespeck

Cesnaková polievka – Knoblauchsuppe. Mild, wenn der Knoblauch mitgekocht wurde und nicht nur zum Schluss frisch hineingedrückt wird

Guláš – Gulasch, aus der ungarischen Küche übernommen, gern mit slowakischer Abwandlung wie z.B. mit Pilzen oder Preiselbeeren

Hubová polievka – Pilzsuppe, die hausgemacht und nicht aus dem Beutel kommen sollte. Typisch ist sie mit Sauerrahm und säuerlich abgeschmeckt

Kapustnica – deftige Krautsuppe mit Klobaswurst, gewürzt mit rotem Paprika, Knoblauch und Wacholder, manchmal auch unter Zugabe von Graupen

Palacinky – süße Pfannkuchen (Palatschinken), eine beliebte Nachspeise

Pstruh na rošte – gegrillte Forelle – die wirkliche Alternative zu der ansonsten deftigen Kost

Strapačky – Rupfennudeln, auch sie sind ähnlich wie das Nationalgericht *halušky* aus Kartoffelteig. Es gibt sie mit unterschiedlichen Beimengungen: Kraut, Speck oder süß mit Mohn oder geriebenen Nüssen (Foto)

Šúľance s makom – eine Art schwäbischer Schupfnudeln, also fingerdicke Nudeln aus Kartoffelteig. Sie werden mit Mohn und Puderzucker bestreut

Vyprážaný kapor – panierter Karpfen, der typische Süßwasserfisch auf der Speisekarte

Vyprážaný syr – panierte Käsescheibe (in guten Lokalen geräucherter *oštiepok*), für Vegetarier oft die einzige Rettung, wird mit Sauce Tatar gereicht

Zemiakové placky – Kartoffelpuffer; als Beilage oder auch als Hauptgericht mit einem Stück Fleisch oder mit Sauerkraut. Sie sind herzhaft mit Knoblauch und Majoran abgeschmeckt

Originell und urgemütlich: rustikale Koliba in Starý Smokovec

šopský šalát: gemischter Salat mit geriebenem Käse. Der gehört übrigens zu den wenigen echten Spezialitäten des Landes. Unbedingt probieren sollten Sie auch *parenica* und *oštiepok*. Ersterer ist ein sogenannter Dampfkäse, mild und wie eine Garnrolle aufgespult; ihn gibt's auch geräuchert. Geräuchert ist auch der *oštiepok*, etwas fester und traditionell wie ein kleiner Rugbyball geformt.

Wenn Ihnen der Sinn nach traditionellen Gerichten steht, suchen Sie eine *Koliba* oder einen *Salaš* auf. So hießen die Hütten der Senner, die früher in den Bergen Wanderer bewirten durften. Heute ist das aus hygienischen Gründen nicht mehr erlaubt, es gibt nur noch kommerzielle Restaurationsbetriebe, die sich so nennen. Vielfach gibt es in diesen Lokalen ein offenes Feuer, besonders wenn es sich um eine „Räuberhütte“ *(zbojnícka koliba)* handelt, deren Name auf den Nationalhelden Jánošík anspielt.

Die Slowaken werden im Gegensatz zu den für ihr gutes Bier berühmten Tschechen gern als Weintrinker bezeichnet. Doch trifft dies nur für die Weingegenden im Süden zu. In den Kleinen Karpaten, im Nitra-Becken und südlich von Kosiče gedeihen Weine, die eine gute Tafelqualität besitzen. Hinter *rizling rýnsky* verbirgt sich ein Rhein-Riesling, eine *frankovka* ist meist ein süffiger Blaufränkischer und *tokaj* ein Tokaier aus der Südostslowakei.

Bei Bier gibt es gute Marken: *Zlatý bažant, Šariš, Smädný mních* oder *Topvar*. Bekannt sind die Slowaken allerdings für Schärferes: *borovica*, auch liebevoll *borovička* genannt, ist ein Wacholderschnaps. Obstbrände sind ebenfalls typisch, der Pflaumenbrand *slivovica* ist der geläufigste. Nach dem Essen wird man Ihnen eine *kávička* (Kaffeechen) anbieten – wahlweise Filterkaffee, Espresso (*espreso* oder *preso*) oder türkisch *(turecká káva)* mit Bodensatz. Wenn Sie zwischendurch einen Kaffee trinken wollen, bekommen Sie mittlerweile in jedem größeren Café *(kaviareň)* einen Espresso oder Cappuccino westlicher Qualität. Auch durchschnittliche Kaffeehäuser bieten eine größere Kuchenauswahl an, die beste Auswahl ist aber nach wie vor in einer *cukráreň* zu erwarten.

GESCHNITZT, GESTICKT, GEFLOCHTEN

Das Angebot an traditionellem Kunsthandwerk ist groß

> Die land- und almwirtschaftlich geprägte Slowakei war einst reich an handwerklichem Können. In Zeiten der sozialistischen Staatsherrschaft schrumpfte das Kunsthandwerk zu einer vereinheitlichten, staatlich verordneten Folklore. Nun besinnt man sich wieder auf alte Handwerkstraditionen. Die noch immer staatliche Zentrale für volkstümliches Kunsthandwerk heißt ÚĽUV *(Ústredie ľudovej umeleckej výroby)* und ist mit einigen Verkaufsstellen im ganzen Land vertreten. Über sie werden die Heimarbeiter angeheuert und geschult. Nur ein Kauf dort bietet für Unkundige eine Qualitätsgarantie. Für Korbwaren kann man sich jedoch getrost auf Märkte wagen und wird nicht selten ein hübsches Stück mit nach Hause nehmen.

DRAHT

Die Drahtflechter *(drotári)* waren einst in ganz Europa bekannte Handwerker. Heute wird ihre Kunst wiederbelebt und passt ausgezeichnet auch in modern gestylte Räume: Schwarzer oder silbriger Draht windet sich zu Tisch- und Eierkörbchen sowie als Topfuntersetzer oder als Geschirrtuchhaken.

HOLZ

In der wald- und bergreichen Slowakei gehören Holzgegenstände zu den beliebtesten Mitbringseln, allen voran ein *črpák*. Das ist eine Art Holztasse mit ausgeschmücktem Henkel, die der Senner zum Abschöpfen der Käsebottiche benutzte. Sehr praktisch, weil vielseitig verschenkbar, sind Holzschüsseln unterschiedlichster Größen. Typisch slowakisch werden sie durch eingelegte Metalldrähte (Kupfer oder Messing), die sie als Borten zieren. Ein beliebtes Souvenir, das sich auch gut für den Einsatz im heimischen Sportstadion eignet, ist der *rapkáč* – eine gehörig Lärm verursachende Ratsche, mit deren Hilfe der Winter oder wilde Tiere vertrieben wurden. Allerdings drohen den Umstehenden die Ohren abzufallen … Für Kinder wird schönes und preiswertes Holzspielzeug angeboten.

> EINKAUFEN

KERAMIK

Keramik ist ein weiterer wichtiger Souvenirartikel. Jede Region hat ihre eigenen Farben und Muster, die berühmtesten Töpfereiprodukte stammen aus dem Winzerstädtchen Modra und werden in die ganze Welt exportiert. Die Keramik aus der Kleinkarpatenregion ist weißgrundig mit kräftigem Blau, hellerem Flaschengrün oder auch in bunten Sommerfarben bemalt. Weiter östlich kommen auch naturbraun oder dunkelbraun (z.B. in Pozdišovce) glasierte Untergründe vor, die mit weißem oder farbigem Strich verziert werden. Die Vielfalt ist beachtlich und regt zum Sammeln an.

KULINARISCHES

Sich eine Flasche *borovička* oder *slivovica* mit nach Hause zu nehmen, hält die Erinnerung an Ihren Slowakei-Urlaub noch eine Weile wach. Sehr typisch ist auch der Kräuterschnaps *demänovka* aus der Liptauer Gegend, den es in einer süßen Likörvariante *(likér)* oder als richtigen Magenbitter *(horká)* gibt.

MAISSTROH

Als Andenken an eine Reise in die Slowakei sollte eine Maisstrohpuppe nicht fehlen. *Šúpolie* werden die trockenen Schutzblätter vom Mais genannt, aus denen die unterschiedlichsten Figuren gefertigt werden: Spinnerinnen, Schuster, Bauern, Kinder, strickende Omas. Eine besondere Reiseerinnerung könnte die Heilige Familie aus diesem einfachen Strohmaterial bilden.

STOFF & SPITZE

Landestypisch ist der Blaudruck *(modrotlač)*, der auch in den Alpenländern anzutreffen ist. In vielfältigen Mustern wird Baumwollstoff durch weiße Aussparungen in Indigoblau bedruckt. Außer Meterware werden Accessoires für den Haushalt wie Tischsets, Topflappen und Schürzen angeboten. Hochwertige Souvenirs sind reich bestickte oder mit handgeklöppelter Spitze besetzte Tischdecken und -sets. Sie werden auch auf Märkten oder an stark frequentierten Orten wie Bahnhöfen und Passagen angeboten.

> DONAUSTADT UND WEINBERGE

Erleben Sie eine überschaubare, aber quicklebendige Hauptstadt mitten in Europa in herrlicher Donaulage und genießen Sie die Weine der Kleinen Karpaten

> Bratislava steht noch immer im Schatten seiner weithin gerühmten Donauschwestern Wien und Budapest. Dabei ist die slowakische Hauptstadt ein wahrer Geheimtipp im ostmitteleuropäischen Dreiländereck. Weder pompös noch kapriziös, bietet sie viel Kunst, Kultur und Geschichte auf kleinem Raum.

Wer in Bratislava ankommt, spürt sofort, dass es sich auch um eine junge, dynamische Stadt handelt. Hier herrscht nahezu Vollbeschäftigung, ein Business-Tower nach dem anderen wächst rund um die beschauliche Altstadt in den Himmel. Die Menschen gehen viel aus und amüsieren sich gern.

An die Hauptstadt, die vor dem industriellen Ausbau zu Beginn des 20. Jhs. über ausgedehnte eigene Weinberge verfügte und mit ihrer Zahl von gemütlichen Weinschänken *(vinárňa)* – zumindest im Verhältnis zur Bevölkerung – Wien nicht nachstand,

Bild: Stadtansicht von Bratislava am Donauufer

BRATISLAVA/ KLEINE KARPATEN

schließt sich heute die ambitionierteste Weinbauregion des Landes an, die sogenannte Karpatenweinstraße von Svätý Jur bis Smolenice. In der Umgebung Bratislavas werden Sie also Entspannung bei einem guten Gläschen Wein und Erholung beim Wandern und Spaziergehen finden. Die Bergkuppen der Höhenzüge sind mit Höhen von 600 bis 700 m auch für Ungeübte keine unbezwingbaren Gipfel.

BRATISLAVA

KARTE IN DER HINTEREN UMSCHLAGKLAPPE

[124 A4–5] **Bei der Ankunft von Westen präsentiert auch die slowakische Kapitale die obligate Plattenbausiedlung. Das Viertel Petržalka wurde mit 130 000 Ew. zu einer Stadt in der Stadt.** Dagegen wirkt die fast vollständig restaurierte Altstadt zu Füßen der Burg geradezu klein. Der Burgberg diente schon den

Kantig und wehrhaft: Burg Bratislava

Römern als befestigter Vorposten. Im frühen Mittelalter kamen deutsche Kolonisten; das deutschsprachige Pressburg erhielt 1291 Stadtprivilegien. Als ungarisches Pozsony wurde die Stadt erstmals Hauptstadt, nachdem die Osmanen 1526 Buda besetzt hatten. Einige Thronfolger, darunter Maria Theresia, wurden hier zu Herrschern über Ungarn gekrönt. Nach 1918 erhielt die Stadt ihren slowakischen Namen, das multikulturelle Zusammenleben dauerte aber an, bis 1945. Viele der Alteingesessenen wurden vertrieben oder gingen von selbst. Die jüdische Gemeinde von Bratislava war bereits im Krieg dezimiert worden. Mit der kommunistischen Herrschaft der Jahre 1948–89 verblassten und verfielen nicht nur die Fassaden und historisch Wertvolles, auch das Leben der Menschen wurde trist. Davon kann heute keine Rede mehr sein. Die Hauptstadt (452 000 Ew.) verdient das Attribut „jung" nicht nur wegen der erst 1993 erlangten Staatsautonomie. Wegen der aufblühenden Wirtschaft, mehrerer Hochschulen und einer lebendigen Kulturszene zieht es vor allem die jüngere Generation hierher. Cafés, Kneipen und Restaurants schießen aus dem Boden. Bratislava, das politische, wirtschaftliche und kulturelle Zentrum des Landes, ist auf dem besten Weg, eine lebenswerte, moderne Stadt in der Mitte Europas zu werden.

SEHENSWERTES

ALTES RATHAUS (STARÁ RADNICA)

Der Gebäudekomplex geht auf ein gotisches Haus aus dem 14. Jh. zurück, das heute den barocken Uhrenturm trägt. Im 15. Jh. wurden zwei weitere Häuser angeschlossen, und im 19. Jh. erhielt es seinen südländischen, an der Renaissance orientierten, mit Arkaden geschmückten Innenhof. Es ist jetzt Hauptsitz des *Stadtmuseums (Mestské múzeum)*, das neben der Stadtgeschichte mit Zeugnissen mittelalterlicher Justiz auch sehenswerte Einzelausstellungen zeigt. Im südlichen Seitenflügel, dem 1761/62 erbauten *Appónyi-Palais*, ist die Winzertradition der Stadt dokumentiert. *Di–Fr 10–17, Sa/So 11–18 Uhr | Primaciálne nám. 3*

ider pp

BLAUES KIRCHLEIN (MODRÝ KOSTOLÍK)

Abseits der Altstadt, aber noch im Zentrum, steht diese ungewöhnliche Kirche (1910–13). In knalligem Schwimmbad-Blau, außen mit ebensolchen Kacheln verziert, stellt sie ein originelles Beispiel volkstümlichen Jugendstils dar. *Bezručova ul.*

BURG BRATISLAVA (BRATISLAVSKÝ HRAD) ★

Auf einem Felsen über der Altstadt thront die kantige Burg mit ihren vier Türmen. Die erste dokumentierte Erwähnung datiert aus dem Jahr 907, Archäologen konnten jedoch eine sehr viel ältere Bebauung dieses strategisch wichtigen Punkts an der Donau nachweisen (2500 v. Chr.). Die Grundlage für das heutige Gebäude bildet ein Bau aus dem 15. Jh. Nach der Verlegung des ungarischen Regierungssitzes hierher wurde kräftig und „modern“ umgebaut. Beeindruckend auch heute noch das großzügige barocke Treppenhaus. Der südwestliche, dickste Turm wurde zum „Königsturm“, hier lagerten die Krönungsinsignien. Als Geschenk des ungarischen Staates kehrte eine originalgetreue Kopie der Stephanskrone in den 1970er-Jahren zurück. Heute befinden sich in der Burg verschiedene Museen, außerdem wird sie vom Präsidenten und dem Parlament zu Repräsentationszwecken genutzt. *Di–So 9–17 Uhr*

GRASSALKOVIČ-PALAIS (GRASSALKOVIČOV PALÁC)

Früher stand sie außerhalb der Stadtmauern, nun dient sie dem slowakischen Staatspräsidenten als Amtssitz: die Sommerresidenz des Grafen Anton Grassalkovič. Flattert die Flagge auf dem Dach, weilt der heutige Hausherr dieses 1760 fertig gestellten Rokokopalais' zumindest im Land. Der parkähnliche Garten ist in weiten Teilen für die Öffentlichkeit zugänglich. *Zugang über Štefánikova ul.*

HISTORISCHES MUSEUM (HISTORICKÉ MÚZEUM)

Der Hauptsitz des Historischen Museums befindet sich in der Burg. Hier werden bürgerliche Einrichtung und

MARCO POLO HIGHLIGHTS

★ **St.-Martins-Dom**
Beeindruckend ausgestattete Wehr- und Krönungskirche ungarischer Könige (Seite 35)

★ **Burg Bratislava**
Kantig-trutziges Wahrzeichen der alten Donaustadt (Seite 33)

★ **1. Slovak pub**
Konkurrenz für die Angelsachsen – witzig und einmalig (Seite 36)

★ **Burgruine Devín**
Stolz der Slowaken und Zeichen urslawischer Vergangenheit (Seite 40)

★ **Slovenský Grob**
Durch gebratene Gänse gelangte das Dorf zu Weltruhm (Seite 44)

★ **Červený kameň**
Wunderbar erhaltene Burganlage in den Kleinen Karpaten (Seite 41)

alte Handwerkstraditionen gezeigt. Eine Abteilung ist historischen Musikinstrumenten gewidmet. Bedeutender sind die Exponate der Schatz-

Klassizismus in Reinkultur – das Primatialpalais am gleichnamigen Platz

kammer im Souterrain. Ein Glasschrein verwahrt das älteste Kunstwerk auf slowakischem Boden: die Venus von Moravany. Sie wird auf 23 000 Jahre geschätzt und ist aus einem Mammutzahn geschnitzt. *Di–So 10–17 Uhr | Bratislavský hrad*

HUMMEL-HAUS (HUMMELOV DOM)

Das tatsächliche Geburtshaus des bedeutenden europäischen Barockkomponisten Johann Nepomuk Hummel (1778–1837), der auch von Mozart unterrichtet wurde, steht heute nicht mehr. Doch die kleine Ausstellung zu Leben und Wirken des Musikers in einem hübschen Renaissancegebäude lässt das vielfältige musikalische Leben Pressburgs früherer Jahrhunderte erahnen. *Di–Fr 10–17, Sa/So 11–18 Uhr | Klobučnícka 2*

JÜDISCHES MUSEUM (MÚZEUM ŽIDOVSKEJ KULTÚRY)

Unterhalb der Burg befindet sich in einem kleinen Bürgerpalais das gut ausgestattete Museum zur jüdischen Lebenswelt im alten Pressburg. *Mo bis Fr, So 10–17 Uhr | Židovská 17*

MICHAELERTOR (MICHALSKÁ BRÁNA)

Das letzte erhaltene Stadttor (13. Jh.) ist mit seinem Turm ein Wahrzeichen der Stadt. Unten stämmig und wehrhaft, erhielt der Turm seine zierliche Barockspitze mit einer Michaelsfigur bei der Renovierung 1753–58. Im Turm passend untergebracht: eine Ausstellung mittelalterlicher Waffen und Rüstungen. Im Barockhaus des doppelten Festungstores zeigt ein kleines pharmazeutisches Museum u.a. die Bestände der ehemaligen Apotheke „Zum Roten Krebs" *(lekáreň Červený rak). Di–Fr 10–17, Sa/So 11–18 Uhr | Michalská ul. 22*

MIRBACH-PALAIS (MIRBACHOV PALÁC)

Das zauberhafte Rokokopalais mit einem der typischen Pawlatschenhöfe beherbergt eine Schau barocker Gemälde und Statuen. Als kleine Kostbarkeit sind zwei holzgetäfelte Kabinette mit einer Kollektion französischer Grafik des Rokoko hervorzuheben. *Di–So 10–18 Uhr | Františkánske nám. 11*

PRIMATIALPALAIS (PRIMACIÁLNY PALÁC)

Der rosafarbene Prunkbau entstand 1777–81 als Stadtpalais des Erzbischofs von Esztergom und ist das größte klassizistische Gebäude der Slowakei. 1805 wurde darin Geschichte geschrieben: Nach der Schlacht von Austerlitz unterzeichneten hier die Vertreter Österreichs und Frankreichs den „Frieden von Pressburg". Eine Wandtafel im Eingang gibt darüber Auskunft. Die Zweigstelle der städtischen Galerie zeigt Tapisserien, Gemälde, Plastiken. *Di bis So 10–17 Uhr | Primaciálne nám. 1*

SLAVÍN

Der Weg zum Ehrenmal Slavín lohnt schon wegen der weiten Aussicht auf die Stadt und eines veränderten Blickwinkels auf die benachbarte Burg. Der Slavín ist ein „Ruhmeshügel", auf dem ca. 7000 sowjetische Soldaten, die bei der Befreiung der Slowakei vom faschistischen Regime ihr Leben ließen, ihre letzte Ruhestätte fanden. Von weitem schon zu sehen ist die ca. 40 m hohe Granitsäule mit der Statue eines Soldaten, der die siegreiche Flagge auf erobertes Territorium stellt. *Zugang über die Treppen zur Straße Na Slavíne*

SLOWAKISCHE NATIONALGALERIE (SLOVENSKÁ NÁRODNÁ GALÉRIA)

Die ehemaligen Wasserkasernen, benannt nach ihrer Lage an der Donau, beherbergen die größte staatliche Kunstsammlung: slowakische Kunst von der Gotik bis zur Gegenwart. Im angeschlossenen Eszterházy-Palais interessante Wechselausstellungen z.T. zeitgenössischer Künstler. *Di bis So 10–17.30 Uhr | Rázusovo náb. 2*

ST.-MARTINS-DOM (DÓM SV. MARTINA) ★

Der Dom ist eine alte Festungskirche, die an die Stadtmauer anschloss, deshalb liegt sein Portal etwas versteckt. Auf einem romanischen Vorläuferbau begann man zu Beginn des 14. Jhs. den heute dreischiffigen gotischen Dom zu errichten. Seine Bedeutung liegt vor allem in einigen Ausstattungsstücken und in seiner einstigen Funktion als Krönungskathedrale. Aus der Gotik stammt lediglich das Taufbecken (1403). In der Zeit von 1563 bis 1830 wurden hier acht ungarische Könige sowie einige ihrer Gemahlinnen gekrönt. Der Dom erhielt eine üppige barocke Ausstattung, um den aufwendigen Zeremonien den würdigen Rahmen zu verleihen, die jedoch Ende des 19. Jhs. zum Teil wieder beseitigt wurde. Zu bewundern sind heute noch die Kapelle von Johannes dem Almosengeber und die Großplastik des hl. Martin rechts vor dem Altar, beides Werke des Barockkünstlers Georg Raphael Donner. *Rudnayovo nám.*

STREDOEURÓPSKY DOM FOTOGRAFIE (MITTELEUROPÄISCHES HAUS DER FOTOGRAFIE)

Die moderne kleine Galerie in einem schmalen historischen Stadthaus zeigt wechselnde Ausstellungen zur reichen Fototradition nicht nur der Slowakei. Mit Buchladen und dem netten *Ex café (So geschl.). Di–Sa 13 bis 18 Uhr | Prepoštská 4 | www.sedf.sk*

ESSEN & TRINKEN

CAFÉ U ROLANDA

Zentral am Hauptplatz liegt dieses schöne Jugendstilcafé mit großer Kuchenauswahl und gepflegtem Restaurant im Souterrain. *Tgl. | Hlavné nám. 5* | €€–€€€

ČOKOLÁDOVŇA

Trendige und in jeder Hinsicht süße Schokobar, so handlich wie ein Schokoladenwürfel, in der es zum Kaffee auch die echten „Pressburger Beugerl" (Nuss- oder Mohnhörnchen) gibt; Nichtraucher. *Tgl. | Michalská 6*

GAZDOVSKÝ DVOR

Gepflegt-rustikales Restaurant im zentral gelegenen Hotel Perugia mit ausgezeichneten slowakischen und ungarischen Spezialitäten. Freundlicher Service, klimatisierte Räume. *Tgl. | Zelená 5 | Tel. 02/54 43 18 18 | www.perugia.sk* | €€€

MEDÚSA

Schicke Tagesbar und Restaurant am Michaelertor. Pasta, Sandwiches und Kaffee. *Tgl. | Michalská 21 | Tel. 02/54 64 73 44* | €€€

PIZZA MIZZA

Insider Tipp

Äußerst beliebtes Lokal für ofenfrische Pizza in zwei Größen (33/55 cm) sowie jede Menge Pasta; flotter Service, Reservierung empfohlen. *Tgl. | Tobrucká 5 | Tel. 02/52 96 50 34 | www.pizzamizza.sk* | €€

PRAŠNÁ BAŠTA

Café, Restaurant und Sommerterrasse in einem Innenhof nahe des Michaelertors. Freundliche Bedienung, nettes Holzambiente, gute slowakische Küche, aber auch Vegetarisches und Asiatisches. Bekannt für gute Musik und Livekonzerte. *Tgl. | Zámočnícka 11 | Tel. 02/54 43 49 57* | €

REŠTAURÁCIA SV. HUBERTA

Im Hotel *Apollo* befindet sich dieses auf Wildspeisen spezialisierte, gepflegte und mehrfach ausgezeichnete Lokal. *Tgl. | Dulovo nám. 1 | Tel. 02/55 96 89 22* | €€€

1. SLOVAK PUB ★

Insider Tipp

Das Lokal rühmt sich, das erste slowakische Pub zu sein. Hier können Sie in originellem Ambiente bei Bier, Schmalzbrot (hier „slowakischer Hamburger" genannt) oder *halušky* die Geschichte und Literatur des

Landes in zehn thematisch unterschiedlichen Räumen kennen lernen. Rarität: eine Mineralwasserkarte mit zahlreichen slowakischen Marken! *Tgl. | Obchodná 62 | Tel. 02/52926367* | www.slovakpub.sk | €

SLOVENSKÁ REŠTAURÁCIA

Gepflegt-rustikales Ambiente mit guter slowakischer Küche; in das „Restaurant des Jahres 2006" werden ausländische Gäste geführt. *Tgl. | Hviezdoslavovo nám. 20 | Tel. 02/54434883* | www.slovrest.com | €€€

TRAFENÁ HUS

Beliebtes Lokal gleich an der Ecke des historischen Uni-Gebäudes, meterlange Tresen (günstige „Bargerichte" – *barové jedlá*) um ein großes Dreieck. *Tgl. | Šafárikovo nám. 7 | Tel. 02/52925473* | €€

EINKAUFEN

Eine ausgedehnte Fußgängerzone rund um die *Michalská ulica* macht den Einkaufsbummel zum Vergnügen. Bei der Zentrale des staatlichen Kunstgewerbebetriebs *(ÚĽUV | Obchodná 64* | www.uluv.sk*)* können Sie im Handwerkerhof auch hinter die Kulissen schauen bzw. sich selbst an verschiedenen Materialien versuchen. Gute Musikläden für Pop, Folk, Jazz sind *Artforum (Kozia 20)* und *Dr. Horák (Medená 19)*, für Klassik und Neue Musik *Hummel Music (Klobučnícka 2)*. Nebenan bietet die Weinhandlung *Vinotéka Sv. Urbana* große Auswahl einheimischer Weine, Verkostung mit Imbiss möglich *(Klobučnícka 4)*.

Wenn Sie miterleben möchten, wie Slowaken am liebsten einkaufen, begeben Sie sich ins Einkaufszent-

Straßenszene in der Michalská, Bratislavas Haupteinkaufsstraße

rum *Aupark* am rechten Donauufer: Neben den internationalen Mode- und Sportmarken sind auch einheimische Produkte vertreten.

ÜBERNACHTEN

APARTMENTS
Eine gute Alternative zur Hotelunterkunft sind modern möblierte Apartments mit Küche und Bad im Zentrum. Reservierung: *www.bratislava-apartments.com* | €€

BOTEL GRACIA
Hotelschiff am Donauufer auf der Höhe der Nationalgalerie, ca. 10 Min. zur Altstadt, Restaurant mit tollem Blick. *Rázusovo nábrežie | Tel. 02/54 43 21 32 | www. botelgracia.sk* | €€

HOTEL ADONIS
Schlichtes, neues Hotel außerhalb des Zentrums. *38 Zi. | Vlčie hrdlo | Tel. 02/58597293 | Fax 58597250* | €€

HOTEL ASTRA
Nicht mehr im Zentrum, aber mit guter Busverbindung. Renoviert und günstig. *84 Zi. | Prievozská 14 | Tel. 02/58 23 81 11 | www.hotelastra.sk* | €

HOTEL BARÓNKA
Großer, renovierter Kasten außerhalb des Zentrums (gute Straßenbahnanbindung) mit Pool, Fitnessraum. *122 Zi. | Mudrochova 2 | Tel. 02/4487 2324 | www.hotelbaronka.sk* | €€€

HOTEL IBIS
Zwischen Burgberg und Altstadt liegt das neue Haus der Hotelkette mit den üblichen Standardzimmern. *Zámocká ul. 38 | Tel. 02/59 29 20 00 | www. arcorhotels.com* | €€

HOTEL MARROL'S
Zentral, aber ruhig gelegen, bietet das gepflegte Hotel im angloamerikanischen Retrostil komfortable Zim-mer (mit PC) sowie ein luxuriöses Frühstücksbüfett; Wellness und Restaurant. *Tobrucká 4 | Tel. 02/ 57784600 | www.hotelmarrols.sk* | €€€

HOTEL TATRA
Zentrumsnahes, angenehmes Stadthotel. *86 Zi. | Nám. 1. mája 5 | Tel. 02/ 59 27 21 21 | www.hoteltatra.sk* | €€€

PATIO HOSTEL
Noch im Zentrum, bietet dieses helle Haus Quartier für Rucksackreisende jeden Alters in Doppel- und Mehrbettzimmern. *Pro Pers. 13–22 Euro | Špitálska 35 | Tel. 02/52 92 57 97 | www.patiohostel.com*

AM ABEND

CIRCUS BAROK
Seit Jahren ein Dauerbrenner in der Diskoszene: Auf einem Schiff auf der Donau bei der Neuen Brücke auf drei Etagen abtanzen. *Tgl. 10–4 Uhr | Rázusovo nábrežie | Tel. 02/54 64 20 91*

JAZZ CAFÉ
Ein kleiner, feiner Jazzclub mit Tradition; renovierte Räume mit Restaurant *(€€)*. Für interessiertes Publikum jeden Alters. *Tgl. | Ventúrska 5 | Tel. 02/54434661 | www.jazz-cafe.sk*

LOD'
„Schiff" heißt dieses bei den Einheimischen beliebte Vergnügungslokal, wo viel getanzt und Musik gemacht wird. *Nur Do–So | flussabwärts rechter Hand an der Alten Brücke (Starý most) | Tel. 0918/ 638675*

NU SPIRIT BAR & CLUB

Musikbar und Club mit interessantem Programm für jeden Geschmack: Jazz, Funk, Soul und Disco; regelmäßig Parties. *Nu Spirit Bar: Medená 16 | Nu Spirit Club: Šafárikovo nám. 7 | Handy 0905/865566 | www.nuspirit.sk/program*

SLOWAKISCHE PHILHARMONIE (SLOVENSKÁ FILHARMÓNIA)

Reichlich stuckierter Konzertsaal mit ausgezeichneter Akustik in der neobarocken Redoute. *Reduta | Medená 3 | Tages-/Abendkasse (Mo/Di, Do/Fr 13–19, Mi 8–14 Uhr und eine Stunde vor Konzertbeginn): Palackého 2 | Tel. 02/54 43 33-51 (-53)*

SLOWAKISCHES NATIONALTHEATER (SLOVENSKÉ NÁRODNÉ DIVADLO)

In dem prächtigen, neoklassizistischen Gebäude, das die österreichischen Architekten Helmer und Fellner 1884–86 am Hviezdoslav-Platz erbauten, werden fast allabendlich Opern-, Operetten- und Ballettvorführungen geboten. Das Schauspiel hat ein eigenes Haus. *Vorverkauf (Mo–Fr 8–17.30, Sa 9–13 Uhr): Komenského nám. | Tel./Fax 02/54433764 | www.snd.sk*

FREIZEIT & SPORT

Der Hausberg zur Erholung vom Trubel in der Stadt ist der *Kamzík* (439 m), wörtlich abgeleitet von dem früheren deutschen Namen „Gemsenberg". Er ist über den *Lesopark* (Waldpark) zugänglich und dient im Winter sogar als Skihang. Gute Orientierung bis zur Spitze bietet der Fernsehturm Koliba. Wer ein bisschen weiter hinaus möchte, kann ein Stück weit an der Donau in westlicher Richtung und dann den Schildern nach zur *Železná studienka* wandern. Das „Eisenbrünnel" erhielt seinen Namen nicht von ungefähr: Es ist eine eisenhaltige Quelle, zu der die Menschen auch heute noch kommen, um sich Wasser für gesunden Trinkgenuss abzufüllen.

Prächtig: das slowakische Nationaltheater

Im südlichen Stadtteil *Čunovo* lockt das professionelle Wildwasserareal Extremsportler, und auch für Biker ist die Gegend ein gutes Ziel: Die Wege führen flach aus der Stadt hinaus, man radelt zwischenzeitlich nah an Donauarmen, und dank des Schengener Abkommens braucht man nicht mal einen Ausweis, wenn man sich unversehens in Ungarn wiederfindet.

AUSKUNFT

BRATISLAVSKÁ KULTÚRNA A INFORMAČNÁ SLUŽBA (BKIS)
Klobučnícka 2 | Tel. 02/54 43 37 15 | Fax 54 43 27 08 | www.bkis.sk

Hier gibt es auch das kostenlose, monatliche Infoheft „Kam do mesta" mit aktuellen Veranstaltungstipps und Adressen.

> LOW BUDGET

> Wie alle Hauptstädte ist Bratislava besonders teuer zum Übernachten, deshalb hier zwei Tipps für günstige Betten: Das *City Hotel Bratislava* ist ein klassisches Hotel mit vielen Zimmern, in dem das Standard-Doppelzimmer nur 75 Euro kostet *(Seberíniho 9 | Tel. 02/20606150 | Fax 20606122)*. Zentrums- und bahnhofsnah liegt das *Downtown Backpacker's Hostel,* das neben vielen Betten im Schlafsaal (15–18 Euro) auch einige Doppelzimmer (25 Euro/Person) hat *(Panenská 31 | Tel. 02/54641191 | Fax 54641192)*.

> Für Bratislava lohnt die *Bratislava City Card* für 1–3 Tage (10, 12 bzw. 15 Euro). Sie beinhaltet eine Stadtführung, die freie Nutzung der Verkehrmittel sowie eine dreisprachige Stadtbroschüre. Auch viele Galerien, Museen sowie einige Lokale und Läden gewähren hierauf Rabatte von 5–20 Prozent.

> Einen schönen Rundumblick über die Stadt, der Sie nur das Geld für einen Kaffee kostet, erhalten Sie vom Caférestaurant *Veža* auf dem Hausberg Kamzík. Der Gastraum dreht sich! *Tgl. | Tel. 02/44462774*

ZIELE IN DER UMGEBUNG

BURGRUINE DEVÍN ★ **[124 A4]**
Auf die befestigten Ruinen im 12 km entfernten Devínska Nová Ves sind die Slowaken besonders stolz. Sie gelten als Residenz ihrer slawischen Vorväter aus dem legendären Großmährischen Reich. Am Zusammenfluss von Donau und March kann der Blick weit nach Österreich und in die slowakische Donauebene schweifen. Der Burghügel ist zugleich Naturschutzgebiet, da hier seltene Pflanzen wachsen. *Hrad Devín | Okt.–April Di bis So 10–17, Mai–Sept. Di–Fr 10 bis 18, Sa/So 10–19 Uhr | Muránska ul.*

RUSOVCE **[124 A5]**
Der 6 km entfernte kleine Ort an der Donau besitzt zwei Sehenswürdigkeiten: *Gerulata* ist ein ausgegrabenes römisches Militärlager des 2.–4. Jhs. *(Mai–Okt. Di–So 10–17 Uhr | Gerulatská ul. 69)*. Hingegen zeigt die moderne *Galerie Danubiana* auf einer Donauhalbinsel Kunst des 20. Jhs. Der Bau erinnert an einen Schiffsrumpf, der sich durch die Fluten kämpft. Der Skulpturenpark ist von Donauwasser umspült; mit Café. *Mai–Sept. Di–So 10–20, Okt.–April Di–So 10–18 Uhr | Eintritt 4 Euro | Tel. 02/62528501 | www.danubiana.sk*

Insider Tipp

WIEN **[0]**
Originell und bequem für einen Tagesausflug in das nur 70 km entfernte Wien ist der schicke Twin-City-Liner auf der Donau. Er pendelt regelmäßig zwischen Bratislava und Wien. *April–Okt. dreimal tgl., in der Vor- und Nachsaison nur Fr–So | Ticket je nach Tageszeit 19–29 Euro pro Fahrt | www.twincityliner.com*

KLEINE KARPATEN

Mit dem durch den Fernsehturm markierten Hügel Kamzík in Bratislava nimmt der Gebirgszug der Karpaten an der Donau seinen Anfang. Die niedrigen Höhen (500–700 m) bestimmen die milde Ausprägung des deshalb Kleine Karpaten *(Malé karpaty)* genannten Gebirges. Schon seit der Römerzeit wird hier Wein angebaut, nach der Wende 1989 verstärkt in kleineren Winzerverbänden. Die Gemeinden der Kleinen Karpaten haben sich zur „Karpatenweinstraße" *(Malokarpatská vinná cesta)* zusammengeschlossen. Sie beginnt im Stadtteil Rača und endet bei Smolenice.

Kühne Konstruktion: Auf einem Felsen über der Donau thront die altslawische Burgruine Devín

ZIELE IN DEN KLEINEN KARPATEN

ČASTÁ [124 B4]

Über dem Ort erhebt sich eine der großartigsten ehemaligen Burganlagen der Slowakei. ★ *Červený kameň* heißt auf Deutsch *Biberburg*. Die ursprüngliche Königsburg aus dem 13. Jh. war Teil der nördlichen Befestigung des ungarischen Reichs. Anfang des 16. Jhs. kam sie in den Besitz der Familie Thurzo und damit auch in jenen der Augsburger Kaufmannsfamilie Fugger, auf deren Wunsch Albrecht Dürer die mächtigen Kellerräume zu Lagerzwecken umgebaut haben soll. Durch die Familie Pálffy wurde sie in einen renaissancezeitlichen und barocken Adelssitz mit reicher Innendekoration umgestaltet. Die oberen Räume besitzen historisches Mobiliar. Zur Erfrischung laden die *Taverna pod baštou* sowie das *Schlosscafé Li-*

Denkmal für Ľudovít Štúr in Modra

bresso ein. *Mai-Sept. Mo–So 9–17, Okt.–April Di–So 9.30–15.30 Uhr, Einlass jede zweite Stunde 9.30, 11.30 Uhr usw. | Eintritt 6 Euro*

Der Falkenhof *Astur* führt Raubtiere der Lüfte vor. *April–Okt. Di–So um 11.15, 14.15, 16.15 Uhr*

MODRA **[124 B4]**

Das Städtchen (8500 Ew.) lässt Slowaken an drei Dinge denken: an Wein, Keramik und den Schriftsteller und Sprachreformer Ľudovít Štúr (1815–56). Dem Weinruhm folgend wurde hier Ende des 19. Jhs. eine Weinbauschule gegründet. Sie ist in einem historischen Gebäude der alten Stadtmauer am Oberen Tor untergebracht. Regelmäßig finden Verkostungen schuleigener Weine statt *(Vinohradnícka škola | Kostolná 3 | Tel. 033/647 27 62 | Weinverkauf Mo–Fr 8–16.30 Uhr)*.

Modra-Keramik ist weit über die Landesgrenzen berühmt. Größter Produzent ist der einstige Staatsbetrieb *Slovenská Majolika* im Süden der Stadt *(Dolná 138 | Verkaufsraum Mo–Fr 8–16 Uhr)*. Sehr schöne, typische und ausgefallene Keramikprodukte bieten zunehmend freie Keramiker an. Ein Teil hat sich zu einer Zunft zusammengeschlossen; Zlatica Ďureje gibt in ihrer Werkstatt gern Auskunft zum Besuch weiterer Kollegen im Ort *(Súkennícka 2 | Tel. 033/ 647 37 44)*. Oder Sie fragen im Infobüro: *Mestské informačné centrum | Štúrova 84 | Tel. 033/647 23 13.*

In der Nähe liegt auch das *Štúr-Gedenkzimmer*, das man nur mit Voranmeldung besuchen kann. Im *Štúr-Museum* weiter unten an der Straße gibt es schöne, alte Modra-Keramik zu bewundern. *Múzeum Ľ. Štúra | Di–Fr 8–16, April–Okt. auch Sa 9 bis 15 Uhr | Štúrova 50*

Ein traditionsreiches Berghotel der Kleinen Karpaten mit offenem Kamin im zünftigen Restaurant ist die in Piesok gelegene *Zochová chata (tgl. | Tel. 033/647 02 80 | €)*, zu erreichen in etwa 6 km vom nördlichen Ende von Modra.

PEZINOK **[124 B4]**

Das Zentrum der Region, zugleich Verwaltungssitz (22 000 Ew.). Auch hier dominieren die niedrigen Winzerhäuser den Kernbereich; unbedingt zu empfehlen ist der Besuch des Insider Tipp Weinmuseums. Im Hof stehen alte Weinpressen, das Museum selbst gibt einen Überblick über die Weinbautradition der Region. Im Tiefparterre lädt der historische Gewölbekeller mit alten Weinfässern zu Weinverkostungen mit Salz- und Griebengebäck *(ab 7 Pers. | Anmeldung: Tel. 033/641 33 47). Malokarpatské múzeum | Di–Fr 9–12, 13–17, Sa 10–17, So 14–17 Uhr, Okt.–März. So geschl. | Ul. M. R. Štefánika 4*

Interessant am gleichnamigen Platz: das *Alte Rathaus* (um 1600). Auch hier baute man nicht über den ersten Stock hinaus. Die luftige Fensterfront zieren dicht gedrängte Doppelfenster und knubbelige Ecktürmchen.

Den Weg aus der Stadt unbedingt wert ist *Schaubmarov mlyn,* die Schaubmar-Mühle von 1767. Sie ist die einzige ihrer Art, die sich am Ort ihres Entstehens erhalten hat und restauriert wurde. Heute beherbergt sie eine Zweigstelle der Nationalgalerie: landestypische, naive Kunst *(Kolekcia insitného umenia | Cajlanská cesta 255 | Di–So 10–17 Uhr).*

Von Pezinok aus sind schöne Wanderungen an Weinbergen entlang möglich. Wege führen zu kleinen Aussichtspunkten auf den Anhöhen, die so kuriose Namen wie *Konské hlavy* (Pferdeköpfe, 649 m) oder *Čertov kopec* (Teufelshügel, 751 m) tragen. Besonders schön ist eine Gratwanderung mit geringen Höhenunterschieden, die Sie je nach Kondition in einem der Orte abbrechen und mit dem Bus zu Ende bringen können. Ein guter Ausgangspunkt für Wanderungen ist der *Pezinská Baba* (*Baba* bedeutet „Weib") genannte Pass oberhalb von Pezinok über den Gebirgszug der Kleinen Karpaten hinüber zur Landschaft des *Záhorie*. Auf der Baba bietet ein kleines Motel Unterkunft und Kost *(Motel na vrchu Baba | Tel./Fax 033/640 36 36 | €).* Ein Teil der Trassen ist für Radler und Mountainbiker ausgezeichnet.

Zwei Tipps für rustikale Küche: Mit schlichten Holztischen und -bänken lädt die *Vináreň u magistra* im Innenhof eines Winzerhauses zu Imbiss und Wein *(tgl. | Ul. M. R. Štefá-*

Weinberge in den Kleinen Karpaten

nika 17 | Tel. 033/641 30 55 | €). Die Schlossweinschänke mit eigenen Weinkellern befindet sich am Ende der Hauptstraße im kleinen Kastell von Pezinok *(tgl. | Zámocká vináreň | Mladoboleslavská ul. | Tel. 033/ 641 23 59 | €€).* Übernachtung im

Blick auf das Schloss von Smolenice

Zentrum bietet das Hotel *Lipa*, ein moderner Familienbetrieb mit Restaurant im Kellergewölbe und auf der Terrasse *(Kollárova ul. 20 | Tel. 033/641 24 02 | €).*

Auskunft: Informačné centrum | Radničné nám. 9 | 90214 Pezinok | Tel. 033/690 11 07 | Fax 641 25 50 | www.pezinok.sk. Auch Verleih von Mountainbikes, und eine angeschlossene Vinothek bietet eine Auswahl regionaler Weine. Weitere Winzer, die auch in kleinen Mengen verkaufen und Degustationen durchführen (auf Anmeldung in Gruppen), sind *Ľudovít Tretina (Kupeckého 51 | Tel. 033/640 40 00), Ján Hacaj (Ul. M. R. Štefánika 21 | Tel. 033/640 26 96)* und *Víno Matyšák (Holubyho 85 | Tel./Fax 033/641 36 67).*

SLOVENSKÝ GROB ★ [124 B4]

Die Hausfrauen-Wirtinnen dieses Dorfes müssen inzwischen Gänse zukaufen, um dem jährlichen Ansturm auf ihre guten Stuben gerecht zu werden. Wie vor hundert Jahren ist es Tradition, im Winter zum Gansessen *(husacina)* mit Schnaps und Wein nach Slovenský Grob zu fahren. Die Stuben gleichen meist schon kleinen Gasthäusern. Kleine Gastronomiebetriebe können den Andrang besser bewältigen und sind meist ganzjährig geöffnet, Reservierung ist auch hier angeraten, z.B.: *Pivnica u Zlatej Husi (tgl. | Pezinská 2 | Tel. 033/ 647 82 25 | Fax 647 82 25 | €€).* Ein schönes neues Gasthaus mit tollem Blick auf die Kleinen Karpaten ist *Grobský dvor (tgl. | Vajnorská 3 | Tel./Fax 033/647 88 89 | www.grobskycvor.sk | €€€).*

SMOLENICE [124 B3]

Der Ort markiert den Abschluss der Karpatenweinstraße, auch wenn sich der Gebirgszug fortsetzt. Von weitem schon ist der hoch aufragende Burgtum erkennbar, dessen Aufstieg (nur Juli/Aug. möglich) wegen der Superaussicht lohnt. Obwohl die Burg auf das 14. Jh. zurückgeht, entstammt das Äußere dem 20. Jh. Da das Schloss von der Akademie der Wissenschaften als Gästehaus genutzt wird, sind nur der Park und der angrenzende Wald zugänglich. In diesem Wald liegt die einzige öffentlich zugängliche Höhle der Kleinen Karpaten. Die *jaskyňa Driny* des Smolenicer Karsts bietet üppig gefältelte „Vorhänge" aus Sinter mit Zähnchenrand sowie pagodenförmige Stalagmiten *(Juni–Aug. Di–So 9–16, Sept./Okt., April/Mai Di–So 10 bis 15 Uhr zu jeder vollen Stunde).*

SVÄTÝ JUR [124 B4]

Die erste Gemeinde (deutsch: St. Georgen) gleich hinter der Stadtgrenze von Bratislava ist ein nahezu intaktes Beispiel einer karpatischen Winzergemeinde. Das historistisch-neogotische *Rathaus* (1865) wirkt in der nüchternen Umgebung der flachen Winzerhäuser erhaben. Eine Rarität auf slowakischem Boden bietet weiter oben am Hang die *St.-Georgs-Kirche* (Insider Tipp) mit Grundfesten aus der Frühgotik. Sie birgt einen steinernen Altar der Frührenaissance (1514 bis 1520), in dessen Mitte ein kunstvoll modellierter Georg dem Drachen die Kehle durchsticht. Sehenswert sind auch Fresken des 14. Jhs. sowie aufwendige Sarkophage und Grabplatten. Der einzeln stehende hölzerne Glockenturm entstand im 17. Jh. und verweist stilistisch auf die „richtigen" Karpaten viel weiter im Norden.

> BLOGS & PODCASTS

Gute Files und Tagebücher im Internet

> *http://www.holidaycheck.de/laender-Reiseinformationen_Slowakei-lid_172.html* – Aktuelle Hotelinfos mit einer von Besuchern erstellten Bewertungsskala; z.Zt. zu folgenden Orten: Bratislava, Podbanské, Tatranská Lomnica, Prešov und Košice.

> *http://www.umdiewelt.de/Europa/Osteuropa/Slowakei/Reiseziel-sk.html*– Private Reiseberichte aus der Slowakei und Osteuropa.

> *http://de.wordpress.com/tag/slowakei/* – Blogs zu Reisen und längeren Aufenthalten in der Slowakei, sehr persönliche Eindrücke und Erlebnisse, vor allem von Events.

> *http://www.euroreiseblog.de/category/slowakei* – Hier wird die Slowakei allgemein als Reiseland angepriesen, Last-Minute-Angebote.

> *http://www.slowakei-net.de* – Reiseinfos, Downloads zu verschiedenen Themen: u.a. Sport, Wörterbuch, Essen und viele Adressen.

> *http://www.schwarzaufweiss.de/slowakei/kurzportrait1.htm* – Reiseinformationen sowie Reportagen mit interessantem Bildmaterial über die Bergbauregion der Mittelslowakei, die Hohe Tatra und Bratislava.

> *http://www.pervan.de/reiseberichte/Slowakei* – Private Reiseberichte sowie persönliche Reisempfehlungen und eine große Bildgalerie.

> *http://www.paradiso.de/podcast/?p=217* – Podcast des slowakischen Erfolgsautors Michal Hvorecký zum Thema „100 Gedanken zu Europa" – ein treffendes publizistisches Kurzporträt der Slowakei.

Für den Inhalt der Blogs & Podcasts übernimmt die MARCO POLO Redaktion keine Verantwortung.

> WEITE SICHT ÜBER FELDER UND FLÜSSE

Die Flussauen der Slowakei sind liebliche Landstriche mit Obst- und Getreideanbau und voller Kultur und Geschichte

> Donauebene und Waagtal sind die größten Niederungsgebiete der Slowakei und bieten einen anderen Landschaftstyp als der Rest der Slowakei. Doch lediglich die kilometerweite Donauebene ist wirklich hügelfrei. Das breite Waagtal ist bereits wieder von Höhenzügen flankiert.

In der Donauebene kommen der längste Fluss der Slowakei, die Waag (Váh) ebenso wie die Kleine Donau (Malý Dunaj) und die Neutra (Nitra) in der Donau zusammen. Hier bekommen Sie einen Vorgeschmack auf die Pußta-Ebene, die sich auf ungarischem Gebiet anschließt. Meist säumen Obstbäume die Landstraßen, die Sie durch weite Felder und Wiesen führen. Typisch sind Pappelhaine, die mit Buschwerk und Weiden als Feldbegrenzungen dienen. Für die Dörfer sind Häuser mit offener Veranda typisch, südländisch mit Wein und Blumen geschmückt. Hier gedeihen sogar Südfrüchte wie Pfir-

Bild: „Schwimmende Mühle" bei Komárno

DONAUEBENE/ WAAGTAL

siche, Aprikosen und Melonen. Die Städte des Waagtals steuern traditionsreiche urbane Kultur bei.

KOMÁRNO

[125 D6] Eine geteilte Stadt: das slowakische Komárno (38 000 Ew.) und am anderen Donauufer das ungarische Komárom. Die Landzunge, durch Zusammenfluss von Donau und Waag herausgebildet, stellte seit der Römerzeit eine gute Verteidigungsmöglichkeit dar. Komárno besitzt durch den starken ungarischen Einfluss seinen eigenen Reiz. In den Restaurants und Cafés genießt man in gestyltem Outfit das süße Nichtstun. Die Stadt ist ein kleines Zentrum der sie umgebenden Donaubene und schickt sich an, mit dem ambitionierten Projekt „Europa-Platz“ verstärkt Touristen anzulocken, dabei könnte die historische Festung viel höher punkten.

SEHENSWERTES

Insider Tipp

EUROPA-PLATZ (NÁDVORIE EURÓPY)

Der Europa-Platz gilt als Reverenz an Komárnos einstige Bedeutung als europäischer Verkehrsknotenpunkt.

Effektvoll beleuchtet sind die Gewölbe des Lapidariums in der Festung

In putzigem Format entstanden typische Hausformen europäischer Nationen – von Skandinavien bis Spanien. In der Mitte plätschert ein Millenniumsbrunnen, Bänke laden zu einer Pause.

FESTUNG (PEVNOST') KOMÁRNO ★

„Nec arte nec marte" – weder durch Gewalt noch durch List sollten sie einnehmbar sein, und tatsächlich hielten die beeindruckenden Verteidigungsanlagen der Stadt die kampflustigen Osmanen fern. 1546 begann man mit dem Bau der alten Bastion, Ende des 17. Jhs. wurde der pentagonale Festungsring um die Stadt fertig gestellt. Und auch als sich das Land vom Joch der orientalischen Besatzer befreit hatte, wurde sorgsam durchdacht weitergebaut. So entstand bis zum Ende des 19. Jhs. die größte Verteidigungsanlage der Doppelmonarchie, in der eine Armada von bis zu 200000 Mann Platz finden sollte. Man hofft auf die Anerkennung als Unesco-Weltkulturerbe. Heute muss man sich seinen Weg zwischen Plattenbauten und Gärten suchen, um sich von den überwucherten Kasematten einen Eindruck zu verschaffen – ein anregendes Detektivspiel. Museal zugänglich ist das schön präsentierte *Lapidarium (April–Sept. Di–Sa 9–17, Okt.–März Mo–Fr 8–16 Uhr | Bašty VI. Okružná cesta)*.

RATHAUS (RADNICA)

Das mehrfach wiederaufgebaute Rathaus mit seinem hoch aufragenden Mittelturm gilt als Wahrzeichen der Stadt. Ein ursprünglich barockes Gebäude wurde 1875 endgültig durch das heutige Gebäude im Stil der Neorenaissance ersetzt. Die davor stehende Statue des Generals Klapka gab dem hübschen Platz seinen Namen. *Nám. gen. Klapku 1*

ESSEN & TRINKEN

APÁLI

Ein schmuckes Landgasthaus in modernem, regionalem Stil, außerhalb am Seitenarm der Waag, mit überdachter Veranda, auf der man auch selbst grillen kann. Verfügt zugleich über drei Doppelzimmer. *Tgl.* | *Mŕtve rameno Váhu 50* | *Tel. 035/772 17 21* | *www.apali.sk* | €€

REŠTAURÁCIA BANDERIUM
Gepflegtes Lokal, modernes Ambiente, gute Küche; im Innenhof Kaffeebar mit bequemer Lounge-Ausstattung bzw. Korbsesseln auf der Terrasse *(tgl.* | *€€)*. Angeschlossen ist eine Pension. *9 Zi.* | *Nám. M. R. Štefánika 11* | *Tel. 035/773 01 56* | *Fax 773 37 75* | *www.banderium.sk* | €

ÜBERNACHTEN

HOTEL EURÓPA
Modernisiertes Haus im Zentrum, Restaurant. *34 Zi.* | *Ul. Štefánika 1* | *Tel. 035/773 13 49* | *Fax 773 13 51* | *www.hoteleuropa.sk* | €

FREIZEIT & SPORT

Im nahen Dunajská Streda bietet ein großes *Thermalbad (Kúpelnorekreačný areál)* in sieben Becken mit unterschiedlichen Temperaturen Erholung für müde Knochen *Mai–Sept. Mo 13–19, Di–So 9–19, Okt.–April Mi 13–19, Do–So 9–19 Uhr* | *Gabčíkovská cesta*

NITRA

[125 D4] Nitra, die viertgrößte Stadt (87 000 Ew.) des Landes, wird als einer der Hauptsitze des slawischen Fürsten Svätopluk gern auch als „Mutter der slowakischen Städte" bezeichnet. Da Nitras historisches Zentrum städtebaulich leider zerschlagen ist, bildet heute der Burgberg, der zu einer Art Nationalheiligtum wurde, die Hauptattraktion dieser sonst eher unauffälligen Stadt. In der Oberstadt *(Horné mesto)* mit Burg und Bischofssitz können Sie Momente der Stille und Muße erleben. In der Umgebung ist Nitra zur Ebene hin mit Weinbergen, Obstgärten und weiten Getreidefeldern gesegnet.

SEHENSWERTES

BURG/ST.-EMMERAM-KATHEDRALE (HRAD/KATEDRÁLA SV. EMERAMA)
An diesem Ort lud der slawische Fürst Pribina 828 Bischof Adalram aus Salzburg, um die erste christliche Kirche auf slowakischem Gebiet zu weihen. In Etappen geht es den „heiligen Berg" hinauf bis zur herrlichen Aussicht weit in die Donauebene hi-

MARCO POLO HIGHLIGHTS

★ **St.-Emmeram-Kathedrale**
Die christlichen Ursprünge der Slowaken (Seite 50)

★ **Burg Trenčín**
Wahrzeichen mit Ausblick auf das Waagtal (Seite 56)

★ **Penzión Diana**
Eine der komfortabelsten Familienpensionen weit und breit (Seite 55)

★ **Universitätskirche**
Barock in Trnava, dem „slowakischen Rom" (Seite 61)

★ **Festung Komárno**
Einzigartige Verteidigungsanlagen an der Donau (Seite 48)

★ **Piešťany**
Thermalbäder in alter Kurstadt (Seite 53)

nein. Rund um das Pribina-Denkmal stehen Priesterseminare. Später folgen die Pestsäule und ein Standbild zu Ehren der missionierenden Slawenapostel Kyrill und Method. Innerhalb der massiven Festung stehen Bischofsresidenz und Domkirche. Die verschachtelte ★ *St.-Emmeram-Kathedrale* geht aufs 11. Jh. zurück; die folgenden Epochen hinterließen ihre Spuren, vor allem das Barock. Der oberste und größte der drei Kirchenräume besitzt einen Altar und großflächige Fresken. Bedeutender ist aber die romanische Apsis, in der u.a. Reliquien des hl. Kyrill aufbewahrt werden *(April–Okt. Mo–Fr 9–12, 13–18, So 10–12, 14–17, Nov.–März Mo–Fr 9–12, 13–16, So 10–12, 14–16 Uhr).*

DIÖZESANBIBLIOTHEK (DIECÉZNA KNIŽNICA)

Die Diözesanbibliothek im rosafarbenen Priesterseminar in der Oberstadt ist eine der raren historischen Bibliotheken des Landes, die in einem würdigen Rahmen präsentiert werden. *Nur nach Voranmeldung im Infobüro (s. „Auskunft") | Pribinovo nám.*

NITRA-GALERIE (NITRIANSKA GALÉRIA)

Das schöne ehemalige Komitatshaus am Fuß des Burgbergs beherbergt die Kunstgalerie der Nitra-Region. Immer wieder gibt es Ausstellungen mit zeitgenössischer Kunst; hinter dem Haus lädt ein Skulpturenpark zur Besichtigung. *Di–So 10–17 Uhr | Župné nám. 3*

NITRANER SYNAGOGE (SYNAGÓGA V NITRE) Insider Tip

Endlich ist die lange verwahrloste Synagoge im eklektizistischen Stil mit maurischen Elementen (1910/11) wieder zugänglich. Sie bietet auf der Frauenempore eine Ausstellung zum Holocaust in der Slowakei und wird sonst für Kulturveranstaltungen genutzt. In der Unterstadt ist sie eines der wenigen lohnenden Ziele. *Di, Sa/So 13–18, Mi/Do 9–12 und 13–18 Uhr | Pri synagóge 3*

ESSEN & TRINKEN

HÁJOVŇA

Gepflegtes Restaurant am Hügel der Kalvariengruppe, stilvolle Ausstat-

Reiche Obst- und Gemüseauswahl auf dem Wochenmarkt von Nitra

tung mit Jagdtrophäen. Schön begrünte Gartenterrasse. *Tgl. | Kasalova 8 | Tel. 037/651 67 33* | €€€

KAVIAREŇ MÚZEUM

Zentral gelegen im Gebäude des Nitra-Museums mit Terrasse für den Sommerbetrieb. *Tgl. | Štefánikova 1 | Tel. 037/741 99 80* | €€

THE IRISH TIMES PUB

Bei gutem Wetter wird in dem urigen Lokal die Glasfront einfach weggeschoben, und man sitzt auf der Terrasse. Livekonzerte. *Tgl. | Kupecká 14 | Tel. 037/657 51 06 | www.irishtimespub.sk* | €

EINKAUFEN

SLOVENSKÁ IZBA

In einem Innenhof befindet sich ein „slowakisches Zimmer", in dem verschiedenes Kunsthandwerk aus der Region verkauft wird. *Mo–Fr 9.30 bis 12.30, 13–17, Sa 9.30–12 Uhr | Kupecká 6*

VINOTÉKA AURELIUS ▶▶

Treffpunkt für Weinliebhaber: Etwas versteckt im Innenhof des Komitatsgebäudes, aber edel präsentiert, findet man eine große Auswahl regionaler Weine. Neben den Kleinen Karpaten ist auch Nitra eine typische Weinbaugegend. *Mo–Fr 10–17.30, Sa 10–12 Uhr | Župné nám. 3*

ÜBERNACHTEN

CITY HOTEL

Minimalistisches Styling in warmen Naturtönen am weitläufigen Platz des Neuen Theaters. *24 Zi. | Svätoplukovo nám. 1 | Tel. 037/652 12 04 | Fax 652 12 03 | www.city-hotel.sk* | €€

PENZIÓN ATRIUM

Renoviertes Haus an der Fußgängerzone mit Anbau, freundliche Zimmer, Restaurant mit Innenhofterrasse – wie es der Name verspricht. *15 Zi. | Štefánikova 8 | Tel. 037/6924301 | Fax 6924309 | www.hotelatriumnitra.sk* | €€

AM ABEND

Die Kellerräume einer Großbäckerei am Rand der Innenstadt wurden zum coolen Treff der Jugend, vor allem der Studenten: Ab 18 Uhr gibt es Disko und Partys satt *(Nová pekáreň | Rázusova 2 | www.novapekaren.sk)*. Der ▶▶ *Devil's Pub* verheißt außer guter Musik auch teuflische Unterhaltung; in jedem Fall ist es ein angesagtes Nachtlokal *(Di/Mi, Fr/Sa 20 bis 3 Uhr | Kmeťova 2 | www.devilspub.sk)*.

FREIZEIT & SPORT

Reiten und Fahrrad fahren sind zurzeit die beliebtesten Freizeitvergnügungen der Menschen hier. Eine kleine, stilechte Pferderanch betreibt der *Reitclub St. Georg*, wo Sie auch Unterricht nehmen können *(Jazdecký klub sv. Juraja Ranč DD | Dlhá 120 | Tel. 087/741 65 14 | Fax 741 28 78 | blazek@acblazek.sk)*. Für Radler und Mountainbiker hat das Nitraner Infobüro eine Landkarte *(Ponitrianska cyklomagistrála)* mit verzeichneten Fahrradwegen und -routen herausgegeben.

AUSKUNFT

NITRIANSKY INFORMAČNÝ SYSTÉM (NISYS)

Štefánikova trieda 1 | Tel. 037/741 09 06 | Fax 741 09 07 | www.nitra.sk

ZIELE IN DER UMGEBUNG

ARBORÉTUM IN MLYŇANY [125 D4]

Die umfangreichste Sammlung fremder Zierhölzer in der Slowakei mit über 2300 Arten wird im 25 km entfernten Mlyňany in einem 670 ha großen Park mit einem japanischen Pavillon präsentiert. Für die fachkundige Betreuung sorgt die Akademie der Wissenschaften. Als Besucher können Sie hier auch Pflanzen kaufen *(April–Okt. Mo–Fr 7–18, Sa/So 8–18, Nov.–März Mo–Fr 8–17, Sa/So 9–16 Uhr | Eintritt 2,60 Euro).*

> LOW BUDGET

> Am Hausberg von Nitra, dem Zobor, liegt mit hübscher Aussicht die kleine, moderne Pension *Tofi* mit kleinem Garten und günstigen Tarifen (DZ 36 Euro). *Martinská dolina 66 | Tel. 037/6516703 | www.penziontofi.sk*

> In der modern gestalteten und zentrumsnahen *Valašský Šenk Nitra*, der „Walachen-Schenke", gibt's einen halben Liter des örtlichen, bei den Einheimischen sehr beliebten Bieres „Corgoň" für umgerechnet nur 75 Cent, und ein *deci* (0,1 l) der ordentlichen, regionalen Nitraner Weine schon ab 36 Cent. *Mostná 35*

> Unweit von Komárno liegt in der wunderschönen Auwald-Landschaft zwischen Donau- und Waagarmen die *Schwimmende Mühle* in Kolárovo, ein einzigartiges hölzernes Denkmal. Der Blick von außen auf die überdachte Konstruktion ist kostenlos, das kleine Museum in der Mühle kostet auch nur 60 Cent Eintritt. *Mai–Sept. tgl. 10–19 Uhr*

BRHLOVCE [125 E4] Insider Tipp

In der Ortschaft unweit von Levice findet sich ein einzigartiges Architekturdenkmal: von Menschen in Stein gehauene Felsenwohnungen. Vermutlich sind sie in der Zeit der osmanischen Beutezüge im 16. und 17. Jh. entstanden. Der nicht ganz so harte Tuffstein sowie vulkanisches Gestein der Gegend boten dazu ein vorteilhaftes, gut zu bearbeitendes Material. Eine kleine, aber eindrucksvolle Ausstellung informiert über Menschen, die in Steinhöhlen leben und arbeiten. *April–Okt. Mo–So 9–16 Uhr, Nov.–März auf Anfrage | Skalné obydlia v Brhlovciach*

DRAŽOVCE [125 D4]

Das Gemeindegebiet gehört zu den bedeutenden archäologischen Fundstätten aus der Zeit des Großmährischen Reichs. Von weitem bei der Anfahrt auf Nitra auf einem Hügel gut sichtbar steht ein Kirchlein aus späterer Zeit, das dem Erzengel Michael geweiht ist *(kostolík sv. Michala Archanjela)*. Es wird ins 11. Jh. datiert und ist eines der raren Zeugnisse der Romanik auf diesem Gebiet. Besuch nach Vereinbarung *(wochentags nach 18 Uhr oder am Wochenende, über Infobüro Nitra).*

SCHLOSS TOPOĽČIANKY [125 D3] Insider Tipp

Die 34 km entfernte ehemalige Sommerresidenz der tschechoslowakischen Präsidenten zeigt sich von vorn imposant klassizistisch, der Innenhof eher gutsherrlich mit Renaissancearkaden. Ein Hotel mit Restaurant belegt die meisten Räumlichkeiten *(Hotel zámok Topoľčianky | Parková 1 | Tel. 037/777 75 55 | Fax*

777 75 56 | www.zamok-topolcianky.sk | €€). Die präsidialen Repräsentationsräume müssten dringend restauriert werden, haben in ihrer Verschlafenheit aber Charme. Bekannt ist Topoľčianky auch für seine Pferdezucht, und im Wildgehege hinter dem Schlosspark grasen sogar Bisons. Ein neues Haus am Rand des Parks bietet zeitgemäße Unterkunft: *Hotel Národný dom (17 Zi. | Hlavná 122 | Tel. 037/630 14 01 | www.hotelnd.sk | €).*

TRIBEČ-GEBIRGE **[125 D3–4]**
Im 15 km entfernten Jelenec führen Wanderwege vom Campingplatz in den hellen Laubwald. Vom Nachbardorf *Kostoľany pod Tribečom* (17 km) gibt es noch weitere schöne Wanderwege, auch zum „Gipfel" des ganzen Gebirgszugs, dem *Veľký Tribeč*, (829 m). Kunstfreunde finden in der kleinen *St.-Georgs-Kirche* mit ihren archaischen Fresken ein seltenes Beispiel frühgotischer Architektur.

PIEŠŤANY

[124 C3] ★ Ein Mann, der seine Krücke bricht, ist das Symbol des auf Deutsch Pischtyan genannten Heilbads (35 000 Ew.). Schon seit der Römerzeit ist die Heilkraft der leicht radioaktiven und schwefelhaltigen Quellen bekannt, die mit etwa 67 Grad dem Boden entströmen und vor allem bei Gelenkleiden Linderung versprechen. Besondere Wirkung wird vor allem dem schwefelhaltigen Schlamm zugeschrieben. Um die Jahrhundertwende schickte sich die Familie Winter an, die Reichen und Schönen aus der ganzen Welt mit internationalen Werbekampagnen hierher zu locken, was die weltweite Bekanntheit des Ortes begründete. Die Badenlagen sind heute wieder privatisiert und aufs Schönste renoviert. So lassen sich auch private Wellnesstage außerhalb verordneter Kuren im größten slowakischen Heilbad zu günstigen Preisen genießen.

Teichanlage im Kurpark Piešťany

SEHENSWERTES

ALTSTADT UND UFERPROMENADE
Das kleine Stadtzentrum ist autofrei. In der kleinstädtischen Fußgängerzone mischt sich Kurpublikum mit Einheimischen. Deutsche und Österreicher sind häufig herauszuhören. Zwischen dem Zentrum und der Uferpromenade *(Nábrežie Ivana Krasku)* liegt der Kurpark mit dem Kulturhaus. In Hausnr. 2 der Prome-

nade erinnert das Gedenkzimmer für Ivan Krasko in dessen einstiger Wohnung *(Di–Sa 11–15 Uhr | Pamätná izba I. Krasku)* an den größten slowakischen Dichter der frühen Moderne.

Gepflegte Rabatten im Kurpark auf der Bäderinsel von Piešťany

BÄDERINSEL (KÚPEŠNÝ OSTROV)

Stadtkern und Kurbetrieb sind durch eine Fußgängerbrücke *(Kolonádovy most)* getrennt. Auf der Brücke kann man von Bänken vor einer schützenden Glaswand den schönen Ausblick genießen. Auf der Bäderinsel führen Spazierwege zu den großzügig angelegten Kurhäusern im gepflegten Park. Gegenüber der Brücke stehen das komplett sanierte *Thermia Palace* mit seinem Bad *Irma* im Jugendstil, linker Hand das *Napoleonsbad:* die gefälligen Flachbauten aus dem 19. Jh. in Kaisergelb bieten auch ambulante Anwendungen.

BALNEOLOGISCHES MUSEUM

Im ehemaligen Kursalon (1893) sind Gerätschaften zusammengetragen, die beim Kuren über die Jahrhunderte Körper und Seele wieder auf die Beine verhalfen. Außerdem viele antike Funde. *Di–So 9–12 und 13 bis 17 Uhr | Beethovenova 5*

ESSEN & TRINKEN

ART JAZZ GALLERY

Insider Tipp

Caférestaurant in der Fußgängerzone, das Ambiente eine Mischung aus Bistro und Wohnzimmer, angenehm ungezwungen. Montags Jazzkonzerte gratis, freitags muss man Eintritt zahlen. *Tgl. | Winterova 29 | Tel. 033/762 55 59* | €€

MONSALVY

Eines der beliebtesten Cafés mit super Kuchenauswahl, wo man nicht nur Kurgäste trifft. *Tgl. | Teplická 10*

RESTAURANT KURSALON

In luftig-hohen Räumen des historischen Kurgebäudes wurde ein gepflegtes Esslokal eingerichtet; gute Tagesmenüs. *Sa-Abend geschl. | Beethovenova 2 | Tel. 033/775 73 51* | €€

ÜBERNACHTEN

Die Kurhäuser der Bäderinsel sind alle saniert, die hier genannten Hotels bieten behagliche Zimmer. Je nach Saison und Preiskategorie kann man in den 1970er-Jahre-Häusern *Balnea Esplanade* oder *Splendid* (€

bis €€€) sowie in der schmucken *Villa Berlin* (€) auf der Stadtseite auch Einzelübernachtungen bzw. 3- bis 5-tägige Schnupperkuren mit Massagen und Bädern in hoteleigenen Thermalbecken buchen. *Heilbad Piešťany | Zentrale Reservierung | 92129 Piešťany | Winterova 29 | Tel. 033/775 77 33 | Fax 775 77 39 | reservations@spapiestany.sk | www.spapiestany.sk*

PENZIÓN DIANA ★

In ruhigem Wohnviertel entstand 2006 eine komfortable Nichtraucherpension, die die Jagdleidenschaft des Hausherrn erkennen lässt. Auch im Speisenangebot des Restaurants ist sie wiederzufinden; schöne Sommerterrasse. *Matúšková 21 | Tel. 033/7743013 | www.diana.sk | €€*

AM ABEND

Kulturelle Veranstaltungen gibt's wie in anderen Kurstädten besonders am Nachmittag. Abends spielt häufig die Slowakische Philharmonie (sie hat hier ihren Sommersitz).

CASINO PIEŠŤANY

Ein Tribut an internationale Gepflogenheiten ist das Kasino, betrieben von einem österreichischen Unternehmen. American Roulette, Black Jack. *Tgl. 18–3 Uhr | Pribinova 1*

FREIZEIT & SPORT

Fürs Baden und Windsurfen steht der Waag-Stausee *Sĺňava* im Süden von Piešťany zur Verfügung. Golfer können den 9-Loch-Golfplatz auf der Bäderinsel nutzen *(Info: Tel. 033/7754131 | Fax 775 41 32 | www.spagolf.sk).*

AUSKUNFT

PIC (PIEŠŤANSKÉ INFORMAČNÉ CENTRUM)

Pribinova 2 | Tel. 033/771 96 21 (-22) | Fax 772 23 90 | www.pic.piestany.sk

ZIELE IN DER UMGEBUNG

BREZOVÁ POD BRADLOM [124 B3]

Wer sich für slowakische Nationalgeschichte interessiert, sollte zum Mausoleum von General Milan R. Štefánik hinaufsteigen. Er war der maßgebliche Slowake, der neben dem berühmten Tomáš G. Masaryk zu den Gründervätern der ersten Tschechoslowakischen Republik gehört und bei einem Flugzeugabsturz ums Leben kam. Über dem 25 km entfernten Ort Brezová steht auf dem Hügel Bradlo ein imposantes Grabmal *(Štefánikova mohyla)* mit herrlichem Rundumblick. Gebührenpflichtiger Parkplatz.

BURGRUINE ČACHTICE (ČACHTICKÝ HRAD) [124 C2]

Unter den blutrünstigen Blaublütern rangiert sie in der Überlieferung gleich hinter Graf Dracula: die „blutige Herrin von Čachtice" bevorzugte zur Verjüngungskur angeblich ein Bad in Jungfrauenblut. Zum wahren Kern der Geschichte gehört, dass Elisabeth Báthory (1560 bis 1614) wegen Mordes an jungen Mädchen verurteilt wurde. Die Burg Čachtice ragt nur noch als Ruine aus dem Karstgebiet der Kleinen Karpaten auf, man kann sie auf einem markierten Weg von *Višňové* (22 km entfernt) aus erreichen. *Múzeum Čachtice | Mai bis Okt. Di–So 9–16.30 Uhr | Draškovičov kaštieľ*

Auf einem Felsen über der Waag erhebt sich die Burg von Trenčín

TRENČÍN

[125 D2] Malerisch schmiegt sich die Altstadt der „Perle des Waagtals" an den Fuß des Burgfelsens. Inzwischen ist die Stadt (59 000 Ew.) längst über das Waagufer hinaus gewachsen. Die weithin sichtbare, wehrhafte Burg ist ein touristischer Anziehungspunkt der Region. Und auf eine kleine, unscheinbare Steintafel ist man zu Recht stolz: Die römische Inschrift aus dem Jahr 179 n. Chr. kündet von Truppen des legendären römischen Kaisers Marc Aurel, die hier das Lager Laugaricio gründeten. Die Reliquie ist durch ein Fenster im Hotel Tatra zu besichtigen (freier Zugang). Insider Tipp

SEHENSWERTES

BAZOVSKÝ-GALERIE (GALÉRIA M. A. BAZOVSKÉHO)

Insider Tipp

Die Galerie ist dem bedeutenden Maler der slowakischen Moderne, Miloš Alexander Bazovský, gewidmet, der in Trenčín seine letzten Lebensjahre verbrachte. Themen des bäuerlichen Leben wusste er auf modern-abstrakte, zuweilen auch kritische Weise darzustellen. *Di–So 9–17 Uhr | Palackého ul. 27*

BURG TRENČÍN (HRAD TRENČÍN) ★

Der gefürchtete „Herr über Waag und Tatra", der streitbare ungarische Adelige Matúš Čák, regierte im 14. Jh. von der Trenčíner Burg wie ein König über die von ihm unterworfenen Gebiete. Ihre Grundfesten gehen auf das 11. Jh. zurück. Über die Pfarrstiegen *(Farské schody)* ist sie nur zu Fuß erreichbar. Auf dem kleinen Plateau am Fuß der abweisenden Burgmauern fechten meist im Juli und August streitlustige Rittergestalten zur Belebung der Szenerie *(Mai bis Sept. tgl. 9–17.30, Okt.–April 9 bis 15.30 Uhr | Ticket 3,05 Euro)*. Hier steht auch der Omar-Brunnen mit unvergleichlicher Aussicht ins Waagtal und hinüber zu den Weißen Karpaten. Stimmungsvoll sind die Abendführungen durch die Burg mit Blick auf das nächtliche Trenčín *(Juli/Aug. jeden 2. Sa 21.30 Uhr, nur bei schönem Wetter)*.

FRIEDENSPLATZ (MIEROVÉ NÁM.)

Von der Burg aus ist dieser zentrale Stadtplatz mit seinen Fassaden vorwiegend aus dem 18. Jh. besonders schön zu überblicken. Die Pestsäule in seiner Mitte wurde 1712 aufgestellt. Blickfang ist die doppeltürmige Kirche des Piaristenordens; hinter ihren ockergelben Mauern verbirgt sich barocke Pracht. Der Stadtturm wird auch „Türkentor" genannt und ist im Sommer zu besichtigen *(Juli–Sept. tgl. 10–20 Uhr stdl.)*. Die dahinterliegende Synagoge ist eine der größten noch erhaltenen des Landes. Sie lässt auf eine bedeutende jüdische Gemeinde schließen; der Kuppelbau entstand 1911 in orientalisierendem Stil.

HAUS DES HENKERS (KATOV DOM)

Die Zuschreibung des Hauses ist wohl den romantischen Vorstellungen des 19. Jhs. geschuldet. Richtig ist, dass es sich um das einzige aus dem Mittelalter erhaltene Bürgerhaus handelt, das gotische Bauformen vorweist. Erst Anfang des 21. Jhs. der Öffentlichkeit zugänglich gemacht, zeigt es neben wechselnden Ausstellungen eine Schau zum Rechtswesen in feudaler Zeit. *April–Nov. Di–Sa 9–17 Uhr | Matúšova ul. 14*

REGIONALMUSEUM TRENČÍN (TRENČIANSKE MÚZEUM)

In dem schönen, spätbarocken Verwaltungsgebäude werden Funde zur Stadtgeschichte sowie Naturwissenschaftliches zur Region gezeigt. *Di bis So 9–16 Uhr | Mierové nám. 46*

ESSEN & TRINKEN

REŠTAURÁCIA TRENČAN

Gasthaus im slowakischen Landhausstil am Rand der Altstadt; die schmackhafte traditionelle Küche – lecker der „Räuberspieß" *(živánska)* – kann man auch in den schattigen Lauben des Hofes genießen. *Tgl. | Ul. 1. mája 1 | Tel. 032/652 15 71 | €*

RESTAURANT LANIUS

Hinter der Pestsäule liegt in einem Innenhof dieses beliebte Lokal mit offenem Kamin und Nichtraucherraum. *Tgl. | Mierové nám. 20 | Tel. 032/744 19 78 | www.lanius.sk | €€*

SLOVENSKÁ REŠTAURÁCIA

Gepflegt-rustikales Lokal im Hotel Tatra, bemüht sich nicht so angestrengt um internationale Küche wie das *Tatra* im 1. Stock. Gute slowakische Spezialitäten. *Sa-Mittag und So geschl. | Ul. M. R. Štefánika 2 | Tel. 032/650 61 11 | €€*

VELVET CAFÉ

Die schickste Cafébar weit und breit; italienisch gestylt in Mokkabraun und Weinrot! Es gibt sogar Erdinger Weißbier, was man hier als Besonderheit genießt. *Tgl. | Palackého 12*

ÜBERNACHTEN

HOTEL POD HRADOM

An den Burgfelsen schmiegt sich dieses kleine Standardhotel mit herrlichem Blick über die Altstadt und die Waag. Gutes Restaurant, schöne Sommerterrasse. *12 Zi. | Matúšova 12/68 | Tel. 032/748 17 01 | Fax 748 17 03 | www.podhradom.sk | €€*

Malerische Ruine: Burg Beckov

HOTEL TATRA

Etwas zuckrig die Fassade, aber sonst stilvoll scheint das Hotel den Burgberg zu stützen. Komfortable Zimmer, guter Service. *70 Zi. | Ul. M. R. Štefánika 2 | Tel. 032/650 61 11 | Fax 650 62 13 | www.hotel-tatra.sk | €€€*

PENZIÓN HARMÓNIA

Angenehme kleine Pension, moderne Ausstattung, wenige Minuten vom Zentrum. *6 Zi. | Ul. M. R. Štefánika 32 | Tel. 032/743 00 07 | www.penzionharmonia.sk | €€*

PENZIÓN SVORAD

Im ehemaligen Internat der Piaristen sind nur Nichtraucher willkommen; einfach, gut und mittendrin. *20 Zi. | Palackého ul. 4 | Tel./Fax 032/743 03 32 | www.svorad-trencin.sk | €*

AM ABEND

KRANKENHAUS

Schrill und schräg wie es der (deutsche!) Name verheißt, geht's in dieser *Music factory* zu; gutes Programm. *Tgl. | Eintritt 3–5 Euro | Nám. SNP 6*

STEPS PUB

Kaum einen Schritt kann man Fr/Sa abends in diese beliebte Bar machen: Disko und Livejazz (Fr) sorgen für Stimmung. *Sládkovičova 6 | Tel. 032/654 01 21 | www.stepspub.com*

AUSKUNFT

KULTÚRNO-INFORMAČNÉ CENTRUM

Sládkovičova 1 | Tel. 032/650 42 94 | www.trencin.sk

ZIELE IN DER UMGEBUNG

BURG BECKOV (HRAD BECKOV) [124 C2]

Nicht direkt am Fluss, aber so günstig auf einem Felsen liegt die 21 km entfernte Burg, dass sie ein großes Stück des Waagtals überblickt. Archäologen haben eine Bebauung seit der Zeitenwende nachgewiesen; bedeutend war die Anlage im Mittelalter als Königsburg. Seit dem Brand von 1804 steht sie nahezu als Ruine, einzelne Teile sind aber zu besichtigen. *Mai–Okt. Di–So 9–18 Uhr*

LEDNICKÉ ROVNE [125 D1]

Ein wenig störend ragen 45 km entfernt die Gebäude der größten slowakischen Glasfabrik zwischen den Kuppen der Weißen Karpaten auf. Aber die Ausdehnung des Firmengeländes hält sich in Grenzen. Unweit des Ortskerns wird in einem ehemaligen Gutshaus die historische Produktion des für die Gegend typischen Materials Glas präsentiert (Verkaufsraum). *Slovenské sklárske múzeum | Mo–Fr 8–14.30 Uhr*

SKALKA NAD VÁHOM **[125 D1]**

Skalka bedeutet „kleiner Felsen", und auf einen solchen bauten Mönche im 11. Jh. ein Kloster. Erst die Legende um den Einsiedler Benedikt machte es bis in unsere Tage zu einem wahrlich anziehenden Ort. Die aus dem Barock stammende heutige Kirche empfängt als ältester slowakischer Wallfahrtsort alljährlich im Juli Gläubige aus dem ganzen Land und ist auch sonst ein beliebtes Ausflugsziel *(Juli/Aug. Di–So 10–12 und 13–17 Uhr, sonst über Infobüro Trencín).* ▶▶ Kletterer nutzen gern das 345 m hohe Kalkgestein, um sich in ihrer sportlichen Kunst zu üben. Die Gemeinde eignet sich zudem als Ausgangspunkt für eine Wanderung ins Tal *Sučanská dolina,* das die nördlichste Siedlung der Weißen Karpaten bildet. Über dem Tal thront die karge Kuppe des *Krasín* mit Überresten einer mittelalterlichen Burg.

> BÜCHER & FILME

Viel Phantasie und dennoch das wahre Leben

> **City. Der unwahrscheinlichste aller Orte** – Der Roman von Michal Hvorecký (2006) denkt heutige Alltagserscheinungen wie den Internethype oder die in alle Bereiche des Lebens vordringende Werbung konsequent einige Jahrzehnte weiter. Ein Text voller witziger Einfälle.

> **Das eigene Horro(r)skop** – Ivan Kadlečík, ein „Klassiker" unter den Dissidenten der Normalisierungszeit, schrieb sich im Jahr der politischen Wende 1989 ein paradoxes Horoskop – im nachhinein, über die durchlebten Jahre der Unterdrückung. Entstanden sind eigenwillige Porträts der zwölf Tierkreiszeichen, die Biografisches, Zeithistorisches und Kulturelles virtuos ineinanderflechten.

> **Pappköpfe (Papierove hlavy)** – Das Alterswerk (1995) des Großmeisters des zeitgenössischen slowakischen Films. Diesen Doku-Film gestaltete Dušan Hanák als Reflexion über die Unfreiheit sowie über die Beziehung des Bürgers zur Macht – ein karnevalesker Abgesang auf eine Epoche.

> **Alles, was ich mag (Všetko, čo mám rád)** – Mit diesem Film gelang Martin Šulík, dem bekanntesten slowakischen Filmemacher der Gegenwart, der Durchbruch. In mosaikartig zusammengesetzten Sequenzen wird aus dem Leben des Helden Tomáš erzählt, der sich in der Midlife Crisis befindet – ein poetischer, humorvoller Film, der viel von slowakischen Verhältnissen offenbart. *Die Filme sind mit dt. oder engl. Untertiteln als Videos/DVDs über das Slowakische Filminstitut zu beziehen: Slovenský filmový ústav | www.sfu.sk*

TRENČIANSKE TEPLICE [125 D2]

Der traditionsreiche Thermalkurort (4000 Ew.) liegt 15 km von Trenčín entfernt. Auch die alte Eisenbahnstrecke zweigt hier vom breiten Waagtal in ein viel engeres zwischen den Strážov-Höhen *(Strážovské vrchy)* ab. Neben dem gesunden Bad gibt es auch hier wieder gute Möglichkeiten zu Spaziergängen und Wanderungen. Die Quellen sind seit dem frühen Mittelalter bekannt. Trentschin-Teplitz war im 19. Jh. in ganz Europa ein Begriff. Die Kurhäuser bieten eine architektonische Rückschau auf vergangene Zeiten (inklusive sozialistischer Großbauten). Exotisch ist der orientalische Hamam (1888). Die *Penzion Aqua* bietet in behutsam restaurierter Villa moderne, behagliche Zimmer; kleine Sommerterrasse mit Grillplatz *(12 Zi. | Šrobárova 6 | Tel. 032/655 24 88 | Fax 655 24 87 | www.penzionaqua.sk | €–€€)*. Insider Tipp Die Reštaurácia Dedinka ist für Augen und Gaumen die Wirklichkeit gewordene Sehnsucht nach einem idyllischen Landgasthaus. Donnerstags wird am offenen Kamin gegrillt; Extrakarte *(Kúpeľná 13 | Tel. 032/655 14 76 | €€–€€€)*.

Auskunft: Kurverwaltung | Tel. 032/655 22 89 | www.slktn.sk

TRNAVA

KARTE IN DER HINTEREN UMSCHLAGKLAPPE

[124 C4] **Trnava gehört mit 70 000 Ew. zwar zu den größeren Städten des Landes, dennoch würde wohl niemand bei dem beschaulichen Städtchen den Beinamen „slowakisches Rom" vermuten.** Ein Blick in die Stadtgeschichte belehrt eines Besseren. Als die Türken den Süden Ungarns belagerten, verlegte man 1541 das Erzbistum Esztergom in die Stadt am Rand der Donauebene. Es folgte der Bau weiterer Kirchen, sodass sich in der Altstadt heute elf Gotteshäuser – inklusive zweier Synagogen – drängen. Die 1635 gegründete Universität von Trnava erblühte bald zu einer der bedeutendsten in ganz Ungarn. Studentenleben sorgt auch seit der politischen Wende wieder für jugendlichen Schwung in der traditionsreichen Priesterstadt.

SEHENSWERTES

DOMKIRCHE ST. NIKOLAUS (KOSTOL SV. MIKULÁŠA)

Ihre zwei Spitzhelme sind ein Wahrzeichen der Stadt. Grundlage ist ein dreischiffiger gotischer Bau, der 1618–30 barockisiert wurde. 1741 kam die Nordkapelle vom Wiener Baumeister Lucas Hildebrandt hinzu. Sie ist Maria geweiht, deren Figur als Hl. Jungfrau von Trnava verehrt wird. Der Legende nach soll sie bei großem Unglück stets Tränen vergossen haben. *Nám. sv. Mikuláša*

PLATZ DER HL. DREIFALTIGKEIT (TROJIČNÉ NÁMESTIE)

Gleich hinter der gleichnamigen barocken *Säule* findet sich das klassizistische *Theater* (1831). Gegenüber erhebt sich der massive *Stadtturm* aus der Renaissance (1574) mit einer verspielten Barockkuppel. Der Aufstieg lohnt, man hat einen guten Rundblick auf die Türme der geistlichen Stadt *(Mai–Sept. Besichtigung jeweils zur vollen Stunde tgl. 10 und 11 sowie 13–18 Uhr)*.

UNIVERSITÄTSKIRCHE (UNIVERZITNÝ KOSTOL) ★

Der frühbarocke Monumentalbau ist der größte und bedeutendste seiner Epoche in der Slowakei und Johannes dem Täufer geweiht. Nach Plänen von Pietro und Antonio Spazzo aus Italien entstand er 1629–37. Höhepunkt ist der Hauptaltar (1640) mit teilweise überlebensgroßen Holzskulpturen. *Univerzitné nám.*

MUSEEN

Insider Tipp

SYNAGÓGA (SYNAGOGE)

Eine Topadresse für zeitgenössische Kunst ist die *Ján-Koniarek-Galerie* in der 1902 erbauten Synagoge, die nach langer Verwahrlosung für ihre neue Bestimmung nicht restauriert wurde. Sie erinnert so an ihre z.T. leidvolle Vergangenheit. *Okt.–April Di–Fr 9–17, Sa/So 13–18, Mai–Sept. Di–Fr 10–18, Sa/So 13–18 Uhr | Halenárska ul. 2*

WESTSLOWAKISCHES MUSEUM (ZÁPADOSLOVENSKÉ MÚZEUM)

Von der Tierwelt der Kleinen Karpaten über Alltagsdinge bis zu sakralen Gegenständen reicht die Sammlung im ehemaligen Klarissenkloster. *Di bis Fr 8–17, Sa/So 11–17 Uhr | Múzejné nám. 5*

ESSEN & TRINKEN

U MICHALA

Das beliebte Lokal mit slowakischer Küche liegt etwas abseits der Hauptstraße, ist aber über die Hlavná durch eine Passage leicht erreichbar. *Tgl. | Orolská 5 | Tel. 033/551 45 38 | €€*

VINÁREŇ U JOZEFA

Stilechte Weinschenke, in der man nicht nur gut trinken kann – hier wird auch gut aufgekocht. *Tgl., Sa/So mittags geschl. | Hlavná 13 | Tel. 033/551 12 94 | www.vinarenujozefa.sk | €*

Domkirche St. Nikolaus in Trnava

ÜBERNACHTEN

HOTEL BARBAKAN

Kleines, modern-schlichtes Hotel in typischem Stadthaus mit tiefem Innenhof, Restaurant und Bierkeller mit altem Gewölbe. *22 Zi. | Štefánikova 11 | Tel./Fax 033/551 40 22 | www.barbakan-trnava.sk | €€*

HOTEL DREAM

Neues Hotel in historischer Häuserzeile unweit des Doms mit kleinem Gewölberestaurant und ruhig gelegener Sommerterrasse. *23 Zi. | Kapitul'ská 12 | Tel. 033/59 24 111 | Fax 59 24 115 | www.hoteldream.sk | €€*

AUSKUNFT

TRNAVSKÝ INFORMAČNÝ SERVIS (TINS)

Trojičné nám. 1 | Tel./Fax 033/323 64 40 | www.trnava.sk

> NICHT NUR FÜR GIPFELSTÜRMER

Die höchsten Gebirgszüge der Slowakei bieten Wanderern wild-romantische Touren und Extremsportlern echte Herausforderungen

> Hinter Žilina ostwärts tauchen Sie in die dramatische Bergwelt der Slowakei ein. Die Waag durchbricht bei Strečno den Gebirgszug der Kleinen Fatra *(Malá Fatra)*. Südöstlich davon ragen hinter den Städten Martin und Ružomberok die Kuppen der Großen Fatra *(Veľká Fatra)* auf.

Danach folgt der Landstrich Liptau *(Liptov)*, eine breite Talsenke mit dem Stausee Liptovská Mara zwischen der Niederen *(Nízke Tatry)* und der Hohen Tatra *(Vysoké Tatry)*. Der nördliche Tatrabogen wird westlich von Liptovský Mikuláš als West-Tatra *(Západné Tatry)* bezeichnet. Und im östlichen Halbrund folgt auf die Hohe Tatra die quer dazu verlaufende Belaer oder Weiße Tatra *(Belianske Tatry)*. Insgesamt kann die Tatra mit 15 Gipfeln aufwarten, die höher als 2500 m aufragen. Alle diese Gebiete gehören zu Nationalparks. Extremsportler, die steile Felswände bezwingen wollen, kommen ebenso

Bild: Holzhäuser in typischer Goralenarchitektur in Ždiar

FATRA UND TATRA

wie passionierte Wanderer und Spaziergänger auf ihre Kosten. Entspannung versprechen die heißen Thermalquellen, und selbst für Kulturhungrige ist etwas dabei.

HOHE TATRA

[127 E–F2] **Das imposanteste Kernstück des Karpatenbogens ist die Hohe Tatra *(Vysoké Tatry)*. Majestätisch zieht sich der Hauptkamm zwar nur bescheidene 26 km entlang, fällt aber kaum unter die 2000-Meter-Marke.** Aus einem der Seitenhorste ragt der höchste Gipfel, die *Gerlsdorfer Spitze* (*Gerlachovský Štít*, 2655 m) empor, gefolgt von der *Lomnitzer Spitze* (*Lomnický Štít*, 2632 m), auf die eine Seilbahn fährt. Hier befindet sich eine Wetterstation. „Minialpen" nennt man die Hohe Tatra gern, denn sie versammelt auf relativ kleinem Raum nahezu das ganze Alpenrepertoire an Landschaftsformen. Die Tatra-Magistrale *(Tatranská magistrála)* verbindet auf etwa 70 km alle wichtigen Orte von Podbanské bis zur Weißen Tatra. Streckenweise oder in mehreren Tagesetappen (es gibt Berghütten zum Übernachten) können Sie sich diesen Tatraabschnitt erwandern. Im Herbst 2004 zerstörte ein verheerender Orkan ca. 68 km² Wald, vorwiegend im Nationalpark. Das einzig Positive daran sind neue Ausblicke in die Zips und der Vorsatz, bei der Wiederaufforstung Monokultur zu vermeiden.

Združenie cestovného ruchu Vysoké Tatry (Tatra Infobüro) Dom služieb 24 | 06201 Starý Smokovec | Tel./Fax 052/442 31 27 | Tel. 442 34 40 | www.tatry.sk

ZIELE IN DER HOHEN TATRA

ČERVENÝ KLÁŠTOR [127 F1] Insider Tipp

Das altehrwürdige, 1319 gegründete Kloster, ca. 40 km nördlich von Kežmarok im Gebirgszug der Pieninen *(Pieniny)* gelegen, ist u. a. wegen des pflanzenkundigen Mönchs Cyprián (1724–74) berühmt *(Mai–Sept. tgl. 9–17, April/Okt. Di–So 10–17, Nov. bis März Sa/So 10–15 Uhr)*.

Außerdem können Sie hier zu einem Naturerlebnis der besonderen Art aufbrechen, denn Červený kláštor ist der Ausgangspunkt zu einer etwa 9 km langen ★ *Floßfahrt auf dem Dunajec*, dem Grenzfluss zu Polen. Die „Gondoliere" sind meist Goralen, Angehörige einer Volks-

Wetterstation auf der Lomnitzer Spitze in der Hohen Tatra

gruppe der polnischen Beskiden, die ähnlich wie ihre venezianischen Kollegen bei der Fahrt durch enge Schluchten ein Lied anstimmen. *Flößersaison: Mitte April–Okt. tgl. 8 bis 17.30 Uhr | www.pltnictvo.sk*

PODBANSKÉ [127 E2]

Über den Ort wacht der sagenumwobene *Kriváň* (Insider Tipp) (2495 m). Er wurde bei den Slowaken zum heiligen Berg. Die Nationalbewegten wählten sich ihn Mitte des 19. Jhs. zum mythischen Wallfahrtsort. Auf Wegen unterschiedlicher Schwierigkeitsgrade können Sie sich ihm nähern.

STARÝ SMOKOVEC [127 F2]

Der berühmteste und glanzvollste Name, wenn es um die Hohe Tatra geht. Hier wollte der Schweizer Arzt Nikolaus Szontagh ein zweites Davos entstehen lassen. Bestaunen Sie schöne alte Sanatorien mit tiefen Balkonen, die Schnitzwerk und Bemalungen im Tatra-Stil zieren. Fünf Thermalquellen sorgten schon Mitte des 19. Jhs. für zahlreiche Sommerfrischler. Ein angenehmes, kleines Café mit großer Kuchenauswahl ist das *Café Hoepner* (Insider Tipp) im Gastrokomplex gegenüber dem Grand Hotel. Hier werden in der Saison samstags Jazzkonzerte veranstaltet. Zur Übernachtung bietet sich das *Horský Hotel Hrebienok* an. Das Berghotel an der oberen Station der Seilbahn zum Hausberg von Smokovec ist schlicht, aber renoviert, und man kann vom Haus weg in die Berge marschieren *(30 Zi. | Starý Smokovec | Tel. 052/442 50 60 | Fax 442 50 63 | hrebienok@sorea.sk | €)*. Am Ortsrand in nördlicher Richtung steht das äußerlich unscheinbare *Hotel Bellevue* mit komplett sanierten, freundlich gestalteten Zimmern; Restaurant und Pool im Haus *(50 Zi. | Horný Smokovec | Tel. 052/476 21 11 | Fax 442 27 19 | www.hotelbellevue.sk | €€€)*.

Junge Leute und Bergfreaks treffen sich im ▶▶ *Tatra-Pub* (Insider Tipp) in stilechter

MARCO POLO HIGHLIGHTS

★ **Orava-Burg**
Waghalsig gebaute Burg am Tor zur West-Tatra (Seite 71)

★ **Demänova-Höhlen**
Zwei der schönsten slowakischen Höhlen gleich nebeneinander (Seite 69)

★ **Roháče-Massiv**
Stille Zweitausender der West-Tatra (Seite 72)

★ **Bojnice**
Romantisches Schloss, bevölkert von Märchenfeen und Unholden (Seite 74)

★ **Museumsdorf Vlkolínec**
Ein traditionelles Bauerndorf wird Unesco-Weltkulturerbe (Seite 71)

★ **Štrbské Pleso**
Höchstgelegene Gemeinde mit tiefblauem See (Seite 66)

★ **Floßfahrt auf dem Dunajec**
Abenteuer auf dem Grenzfluss zu Polen (Seite 64)

★ **Vrátna-Tal**
Auf Jánošíks Pfaden durch eines der schönsten Täler der Slowakei (Seite 68)

Tatra-Ausstattung; Musikprogramm mit Disko und Partys am Wochenende *(bei der Bushaltestelle an der Hauptstraße | Tel. 052/442 24 48)*. Partyfeeling herrscht an Wochenenden auch in der *Cristall-Bar* des *Grand Hotels* in Starý Smokovec.

ŠTRBSKÉ PLESO ★ [127 E2]

Auf 1335 m die höchstgelegene Siedlung der Slowakei. Der Bergsee, der ihr seinen Namen gab – der Tschirmer See – ist im Gegensatz zu den meisten anderen, die erwandert werden müssen, sehr bequem zu erreichen. In Štrbské Pleso hat die seit 1912 von Poprad verkehrende elektrische Tatrabahn ihre Endstation. Ende des 19. Jhs. wurde Štrbské Pleso zum Luftkurort, neben Hotels stehen hier also auch Kurhäuser.

Das Hotel *FIS* wurde zu einem vielseitigen (Schwimmbad, Fitnessraum, Sporthalle) und erschwinglichen Familienhotel, wo man auch kleine Bungalows mieten kann *(60 Zi. | Štrbské Pleso | Tel. 052/449 22 21 | Fax 449 24 22 | www.hotelfis.sk | €€)*. Auf der Wiese nebenan *(Mlynická lúka)* wurde in einem modernen Holzblockhaus eine typische Koliba *(Reštaurácia Koliba | tgl. | €€)* eingerichtet – auf Grund der drei überlebensgroßen Holzfiguren davor nicht zu verfehlen.

TATRANSKÁ LOMNICA [127 F2]

In dieser nördlichsten Tatra-Gemeinde glaubte man, den Boom von Starý Smokovec zu Beginn des 20. Jhs. fortsetzen zu können. Doch außer ein paar repräsentativen Häusern blieb Tatranská Lomnica die eher unspektakuläre Schwester für Sportler und Familien. Dafür ist hier alles, was man sich an sportlichen Aktivitäten für die Berge vorstellen kann, auch möglich, sommers wie winters: Wandern, Skifahren, Klettern, Mountainbiking (unter *www.tatry.sk* finden Sie detaillierte Infos zu den einzelnen Sportarten). Im *Tatra-Museum* können Sie im Sommer naturkundliche Wanderungen buchen *(Múzeum Tanapu | Mo–Fr 8–16.30, Sa/So 8–15 (in der Nebensaison 8–12) Uhr | Tel. 052/478 03 65)*. Bei *T-Ski-Travel* (mehrere Filialen in der Tatra) können Sie Skilehrer und Ausflüge buchen sowie Ausrüstung mieten *(Nový Smokovec | Tel. 052/442 50 33 | Fax 442 32 01)*.

Zur Verpflegung gibt es in den Hochgebirgsorten außer Imbissbuden und wenigen Selbstbedienungslokalen nur die Restaurants der Hotels, die insgesamt eine anständige Küche bieten. Wie bei Großmutter, so die Übersetzung, schmeckt's im gemütlichen Gasthaus *Stará mama* an der Tatra-Bahnstation *(tgl. | Tel. 052/446 77 13 | €)*.

Erste Adresse zum Übernachten ist das *Grandhotel Praha*. Hier kann man erahnen, was es einmal bedeutete, in die Tatra zu fahren. Heute ist das Haus bis auf Spitzenzeiten in der Hauptsaison erschwinglich geworden *(80 Zi. | Tatranská Lomnica | Tel. 052/446 79 41 | Fax 446 78 91 | www.grandhotelpraha.sk | €€–€€€)*. Dagegen steht die *Penzión Slalom* für gemütlich-familiäre Ferien im Hochgebirge – ein modernes Haus mit traditionellen Anklängen und nettem Restaurant. *(22 Zi. | Tatranská Lomnica 94 | Tel. 052/446 72 16 | Fax 478 27 32 | www.slalom.sk | €)*.

FATRA UND TATRA

KLEINE FATRA

[126 C2] **Die Kleine Fatra liegt wie eine Barriere zwischen Žilina und Martin. Nur der Waag, die sich hier durchzwängt, ist es zu verdanken, dass man keinen Pass überqueren muss.** Der Teil nördlich der Waag bildet den Nationalpark Kleine Fatra. Der höchste Gipfel ist der *Veľký Kriváň* (1709 m), während der für die Fatra charakteristische *Veľký Rozsutec* (1610 m) der Liebling der Slowaken ist. Die Touristenregion Kleine Fatra beginnt hinter Žilina und zieht sich an der Varínka entlang.

ZIELE IN DER KLEINEN FATRA

MARTIN [126 C2–3]

Martin (61 000 Ew.) ist eine für die slowakische Geschichte bedeutende Stadt. Für Touristen interessant ist vor allem das *Nationalmuseum*, das eine Sammlung zur Volkskultur zeigt. Die Exponate reisen zu Ausstellungen schon mal um die halbe Welt. *Slovenské národné múzeum | Di–So 9–17 Uhr | Malá Hora 2*

STREČNO [126 B2]

Dort, wo die Waag sich durch die Kleine Fatra zwängt, entstand im 14. Jh. über der Flussschleife die Burg Strečno. Seit 1993 ist die Burgruine (mit kleinem Museum) zugänglich, sie lohnt allein wegen der herrlichen Aussicht *(April–Sept. tgl. 9 bis 18, Okt. 9–16, März und Nov. Sa/So 11–16 Uhr)*. In Strečno gibt es auch eine Fähre zum anderen Waagufer.

TERCHOVÁ/VRÁTNA-TAL [126 C2]

Das touristische Zentrum der Kleinen Fatra ist der Geburtsort des Nationalhelden Jánošík, des „Robin Hood" der slowakischen Wälder,

Der „Zauberberg" von Tatranská Lomnica – das Grandhotel Praha

dem in Terchová ein kleines Museum gewidmet ist. Am Abzweig ins ★ Vrátna-Tal *(Vrátna dolina)* steht seine monumentale Stahlplastik, an der Sie vorbeikommen, wenn Sie zu einer der schönsten Wanderungen in die Talengen *(Tiesňavy)* aufbrechen. Diese Klamm wurde vom Bergbach Vrátňanka herausgebildet und gibt immer wieder den Blick frei auf die typischen Formationen der Kleinen Fatra: dicht stehende, spitz zulaufende Felsnadeln. Der Weg dorthin über Obšivanka wird „Räuberpfad" *(Zobojnícky chodník)* genannt. Ihn pflegte Jánošík zu nehmen, wenn er von der Miliz verfolgt wurde. In diesem Tal, abseits der Durchgangsstraße liegt das modernisierte *Hotel Boboty* mit herrlichen Ausblicken in die Fatrahänge. Pool und Fitnessraum *(60 Zi. | Tel. 041/5695228 | Fax 5695737 | www.hotelboboty.sk | €€)*. Bekannt sind ebenso die *Oberen Löcher (Horné diery)* im Massiv des Rozsutec. Auch hier bahnen sich Bergwasserkaskaden ihren Weg durchs Gestein. Ausgangspunkt der Wanderung dorthin ist der Parkplatz Diery am östlichen Ortsausgang Podhate, wo sich auch das Familienhotel *Diery* mit erschwinglichen Zimmern und zünftiger Gastwirtschaft befindet *(24 Zi. | Biely Potok | Tel. 041/5695322 | Fax 5695217 | www.hotel-diery.sk | €)*.

Gute Einkehrmöglichkeit in Terchová ist die neue, gemütliche *Jánošíkova koliba* an der Hauptstraße, unweit des Abzweigs ins Vrátna-Tal. Empfehlenswert: *Jánošíkov tanier*, eine Auswahl an *halušky*-Varianten auf einem typischen Holzteller *(tgl. | Handy 0911/564455 | €€)*.

Zum Übernachten gibt es in Terchová viele kleine Familienpensionen, außerdem werden Ferienhäuser *(chaty)* vermietet. Seit 2006 gibt es eine komplett erneuerte Kabinenbahn auf den Sattel *Chleb* (1647 m), von wo aus sich fächerartig zahlreiche Kamm- und Talwanderungen unternehmen lassen. Die Höhen und Sättel der Kleinen Fatra fordern auch Radfahrer heraus. Im Winter stehen Lifte mit schönen Abfahrten zur Verfügung.

Auskunft: Združenie turizmu Terchová | 01306 Terchová | Ul. sv. Cyrila a Metoda 96 | Tel. 041/5993100 | www.ztt.sk

NIEDERE TATRA

[127 D–E3] **Den Bergen der Niederen Tatra fehlen im Schnitt ca. 600 m, um mit den Gipfeln nördlich des Waagtals konkurrieren zu können. Doch auch im hiesigen Nationalpark (NAPANT) lädt eine unvergleichlich schöne Bergwelt zum Naturerlebnis ein.** Die höchsten Gipfel sind *Ďumbier* (2045 m) und *Chopok* (2023 m). Der Hauptkamm ist 95 km lang und bildet eine ausgeprägte Barriere zur Mitte des Landes. Das Besondere daran: Er ist von beiden Seiten begehbar, die Wanderungen am Grat entlang bieten unvergessliche Ausblicke sowohl zur Hohen Tatra als auch ins mittelslowakische Erzgebirge.

Auskunft: Informačné centrum mesta (Städtisches Infozentrum) | Nám. Mieru 1 | 03101 Liptovský Mikuláš | Tel. 044/5522418 | Fax 5514448 | www.mikulas.sk

FATRA UND TATRA

Bizarr: die Eisformationen der Demänova-Höhlen in der Niederen Tatra

ZIELE IN DER NIEDEREN TATRA

DEMÄNOVA-TAL (DEMÄNOVSKÁ DOLINA) [127 D3]

Das bekannteste Tal der Niederen Tatra: Von Beginn an säumen Pensionen, Privatunterkünfte und Hotels die Straße nach Jasná, dem letzten Dorf mit seinem Bergsee *Vrbické Pleso*. Wichtigste Sehenswürdigkeit sind die ★ *Demänova-Höhlen* (auf halber Strecke nach Jasná). Die *Eishöhle (Demänovská l'adová jaskyňa)* ist eine der am frühesten (1299) erwähnten in der Welt. Eine phantastische Welt in Eis tut sich hier auf *(Juni–Aug. stdl. Di–So 9–16, im Sept. 9.30, 11, 12.30, 14 Uhr)*. Die *Höhle der Freiheit* in Demänová *(Jaskyňa Slobody)* ist eine der meistbesuchten des Landes, zugänglich sind 1,8 km eines über 8 km langen Höhlensystems *(Juni–Aug. Di–So 9 bis 16 Uhr, stdl. Führungen; Sept. bis 15. Nov., Jan.–Mai Di–So um 9.30, 11, 12.30 und 14 Uhr)*.

Im Sportgebiet des Demänová-Tals gibt es kaum separate Restaurants. Eine der wenigen Ausnahmen ist die einst erste *koliba* des Tals an dessen Anfang: die *Koliba Tri studničky (Handy 0911/55 56 00 | €€)*, ein stilvolles Spezialitätenlokal mit der charakteristischen Feuerstelle und deftigen Speisen.

Am Endpunkt des Tals, in Jasná, stehen große Hotels und einfache Touristenunterkünfte. Hotels: *Grand Jasná*, modernes Komforthotel, zwei Restaurants *(120 Zi. | Tel. 044/ 559 14 41 | Fax 523 19 07 | www.grandjasna.sk | €€€)*; *Mikulášská chata*, traditionelles Berghotel aus Holz, umfassend rekonstruiert, am See Vrbické pleso, Restaurant im Haus *(35 Zi. | Tel./Fax 044/559 14 54 | €€)*. *Penzión Limba*, ein Komplex von vier modernen Holzhäusern etwa auf halber Strecke nach Jasná, schlichte, aber angenehme Zimmer *(15 Zi. | 4 App. | Tel. 044/554 82 05 | Fax 554 82 09 | www.liptour.sk | €)*.

LIPTOVSKÁ MARA [127 D2]

Der Stausee Liptovská Mara bietet unweit des städtischen Zentrums der Region, Liptovský Mikuláš, an seinen Ufern Erholung und Freizeitspaß. Wasserratten fühlen sich in den 12 Becken (30–40 Grad warmes

Burgenromantik: die Orava-Burg über dem gleichnamigen Fluss

Insider Tipp Wasser) des *Thermalbads von Bešeňová* wohl, das dem benachbarten *Tatralandia* mit großem Wellnessangebot heftig Konkurrenz macht *(tgl. 10–21 Uhr | Tagesticket 14 Euro)*. Tolles Gebirgspanorama ringsum!

In der Nähe, im Dorf Malatíny, bietet ein junges belgisch-slowakisches Paar Landleben mit modernem Komfort: Im *Hotel Sojka* stehen auch Apartments in neuen Blockhütten sowie Pool und ein zünftiges Restaurant bereit *(12 Zi. | Malatíny 104 | Tel. 044/547 56 56 | Fax 547 56 99 | www.sojka.be | €€–€€€)*. Surfer und Segler bevorzugen das Strandbad mit Autocamping und Feriensiedlung von *Liptovský Trnovec*. Hier entstand ein großes Spaßbad mit modernem Freizeitpark. Der *Aquapark Tatralandia* bietet in elf Becken Thermalwasser (24–38 Grad) mit diversen Massagedüsen und -effekten. Etliche Rutschen und ein großes Sportgelände bieten Abwechslung *(tgl. 9 bis 21 Uhr | Tagesticket 19 Euro)*. An den Park schließen eine neue Bungalowsiedlung im traditionellen Blockhausstil sowie eine Indianersiedlung und eine Westerncity an.

Unweit des Trubels der Aquaparks entstand mit der *Villa Betula* ein familiärer Hotelbetrieb, der auch Campern und Caravanern komfortable Stellplätze bietet. Insider Tipp Es gibt geschmackvolle Zimmer und kleine Bungalows inmitten großer Wiesen – einschließlich Ziegen und Pferden zum Streicheln und Reiten. Blick und Zugang zum See, eigenes Ausflugsboot. Allein der Besuch im Restaurant mit Kamin und Sonnenterrasse lohnt *(15 Zi. | Liptovská Sielnica | Tel. 044/ 5598464 | www.villabetula.sk | €€)*.

Breit gefächerte Infos über die Region und guten Service bietet ein Zusammenschluss von Tourismusunternehmern unter *www.liptov.sk*.

LIPTOVSKÝ MIKULÁŠ [127 D2–3]

Der Ort (34000 Ew.) ist das städtische Zentrum der Tatra-Region. Sein Name geht auf den hl. Nikolaus zurück. Sehenswert ist das *Janko-Kráľ-Museum* am Stadtplatz. Es erinnert an den berühmten slowakischen Dichter der Romantik und zeigt auch schaurige Folterinstrumente. Im Gebäude war früher das Schiedsgericht untergebracht, und so kann hier jener Eisenhaken bestaunt werden, an dem der Räuberhauptmann Jánošík 1713 sein Leben ließ *(Múzeum Janka Kraľa | 15. Juni–15. Sept. Di–So 10 bis 17, sonst Mo–Fr 9–16, Sa 10–17 Uhr | Nám. osloboditeľov 30)*.

MUSEUMSDORF VLKOLÍNEC ★ [126 C3]
Stellvertretend für manch anderes Freilichtmuseum wurde dieses archaisch wirkende Dorf in herrlicher Berglandschaft von der Unesco auf die Welterbeliste gesetzt. Es ist noch bewohnt, deshalb sollten sich Besucher an die Vorgaben halten. Ein Haus ist als Museum eingerichtet. *Skanzen Vlkolínec | 16. April–15. Okt. Di–Fr 9–15, Sa/So 9–16, 16. Okt.–15. April Di–Fr 10–15, Sa/So 10–15 Uhr*

WEST-TATRA

[127 D2] **Orava wird das Gebiet nördlich von Ružomberok und des Liptauer Stausees genannt. Es reicht bis zu den polnischen Beskiden.** Ihr zerklüfteter Hauptkamm ist 32 km lang, und 20 der Gipfel erreichen über 2000 m Höhe. Im Massiv der Roháče („die Gehörnten") findet sich mit dem *Baníkov* (2187 m) die höchste Erhebung.

ZIELE IN DER WEST-TATRA

ORAVA-STAUSEE (ORAVSKÁ PRIEHRADA) [127 D1]
Der größte Stausee des Landes (35 km^2) eignet sich zum Baden, Segeln, Surfen und Schiffchenfahren. Der Strandbetrieb spielt sich hauptsächlich bei *Slanická osada* im Süden (von Dolný Kubín kommend der erste Ort am See) sowie am Ufer des Städtchens *Námestovo* ab. Von Slanická osada bringt einen das Schiff zur *Kunstinsel Slanica (Slanický ostrov umenia)*. Der ehemalige Kirchberg des im See begrabenen Dorfes ragt noch aus dem Wasser heraus. Vom Hafen *Prístav Oravská priehrada* verkehren Schiffe *(Mai–Okt. stdl.)*.

ORAVSKÝ PODZÁMOK [127 D2]
Höhepunkt der Region ist die ★ *Orava-Burg (Oravský hrad)*. Sie ragt über dem Dörfchen Oravský Podzámok aus dramatisch steilen Felsen auf – im Mondschein ein gruselerregender Anblick. Tagsüber benötigen Sie nur genug Puste, um die diversen Terrassen zu erklimmen, auf denen die Burg im Laufe der Jahrhunderte errichtet wurde. Die Grundsteine gehen auf das 13. Jh. zurück. Gebaut wurde von oben nach unten. Von der Romanik über die Renaissance bis zur Neugotik sind alle Stile vertreten. Naturhistorische Exponate machen sie für Kinder zusätzlich interessant *(Mai–Sept. tgl. 8.30–17, Juni bis 17.30, Juli/Aug. bis 18, Okt. bis 16, Nov.–März tgl. 10–15 Uhr, nur mit Führung | Eintritt Hauptsaison 5, Nebensaison 6 Euro)*.

TVRDOŠÍN [127 D2]
Die älteste Gemeinde der Orava wurde 1265 erstmals erwähnt. Eindrucksvoll die wunderschöne *Allerheiligen-Kirche*. Sie ist eine der wenigen erhaltenen Holzkirchen dieser Gegend vom Ende des 15. Jhs. Nach Umbauten in der Renaissance erhielt

sie im Barock einen üppigen Altar. *(Juli–Sept. tgl. 9–17 Uhr). Auskunft: CS-Tours | Trojičené nam. 185 | Tel./ Fax 043/532 31 11 | www.cstours.sk*

ZUBEREC [127 D2]

Das Dorf liegt am Rand der West-Tatra, von hier geht es durch das *Kalte Tal (Studená dolina)* hinein in den Nationalpark des ★ *Roháče-Massivs*. Fast an jedem Gartenzaun steht „Zimmer frei". Anders als in den Touristenzentren der Niederen und Hohen Tatra geht es hier noch bäuerlich-persönlich zu. Die Privatquartiere und kleinen Pensionen sind z. T. erstaunlich modern. Aus einem langweiligen Kasten am Ortseingang wurde die nette, moderne *Penzión Milotín (12 Zi. | Tel. 043/5395113 | €).*

Hier sind Sie beinahe auf Tuchfühlung mit den stillen Zweitausendern. Von der Berghütte *Zverovka* (*Chata Zverovka* | 1020 m) am Ende der Fahrstraße des Kalten Tales kann man zu den *Roháčské plesá* (1680 m) aufbrechen: kleine Bergseen, die auf mehreren Terrassen unterhalb der höchsten Roháče-Gipfel blau-grün hervorschimmern. Wem diese mittelschwere Wanderung zu viel ist, der wird auch bei geringerer Mühe belohnt: Der See *T'atliakovo jazierko* bietet für die Erholungspause einen überdachten Sitzplatz, die umstehenden Fichten verleihen ihm einen dunklen Widerschein.

Ein Erlebnis ist der Besuch des *Freilichtmuseums* im Kalten Tal. Hier wurden die charakteristischen Bauernhaustypen der Orava-Region aufgestellt, wie sie seit Jahrzehnten nicht mehr gebaut werden. Sie stehen in malerischem Bergwaldgelände, durch das auch ein Bergbach rauscht. Besondere Attraktionen sind (nur im Winter) die Abendführungen des Direktors, bei denen man singend und in Begleitung eines Musikanten von Haus zu Haus zieht *(Skanzen Orava | Juli/Aug. tgl. 8–18, Juni, Sept. 8–17, Okt.–Mai Di–So 8–15.30 Uhr | Eintritt 2 Euro).* Insider Tipp

Turistická informačná kancelária | Zuberec | Tel. 043/532 07 77 | Tel./ Fax 539 51 97 | www.zuberec.sk

ŽILINA

[126 B2] **Die nördlichste Kreisstadt (87 000 Ew.) wirkt auf den ersten Blick etwas spröde, wegen ihres Stadtkerns ist**

> MEERAUGEN

Tiefe Gletscherseen in der Tatra

Was haben die Slowakei und das Hochgebirge mit dem Meer zu tun? In der Tatra entstand beim Abschmelzen der Gletscher eine Vielzahl kleiner Seen. Meist werden sie *pleso*, Gebirgssee genannt. Der größte jedoch heißt *Morské oko* (Meerauge). Der Überlieferung nach vermutete man aufgrund der ungewöhnlichen Tiefe vieler der Seen eine unterirdische Verbindung zum Meer. Im slowakischen Teil der Tatra gibt es etwa 100 solcher Bergseen. *Modré pliesko* ist der höchstgelegene (auf 2192 m), *Veľké Hincovo pleso* der größte, gefolgt vom leicht zugänglichen *Štrbské pleso* (beide um 200 000 m^2).

Die doppeltürmige Fassade der Dreifaltigkeitskirche beherrscht den Marienplatz von Žilina

sie aber einen Besuch wert. Neben den Renaissancelauben am zentralen *Marienplatz (Mariánske nám.)* mit der barocken Fassade der Dreifaltigkeitskirche (1743) werden Sie in Nebengassen auf bezaubernden, farblich teils gewöhnungsbedürftigen Jugendstil sowie auf moderne konstruktivistische Ansätze vom Beginn des 20. Jhs. stoßen – z. B. an der *Sládkovičová ul.* und *Na priekope.*

SEHENSWERTES

KIRCHE ST. STEPHAN (KOSTOL SV. ŠTEFANA)

Stadtauswärts an der *Závodska ul.* steht eine der seltenen romanischen Kirchen der Slowakei (13. Jh.). Sehenswert sind die restaurierten zartfarbigen Wandmalereien. 1995 fand man Fundamente der Fronleichnams-Kapelle aus dem 15. Jh. *Besichtigung im Tourismusbüro vereinbaren*

SCHLOSS BUDATÍN (ZÁMOK BUDATÍN)

Am Zusammenfluss von Waag und Kysuca hatte diese Wasserburg Wächter- und Zollfunktion. Ältester Teil ist der markante romanische Rundturm (13. Jh.) mit 2 m dicken Mauern und einem Durchmesser von 12 m. Heute ist das Schloss Sitz des *Waagtalmuseums* und beherbergt neben archäologischen Funden zwei bedeutende slowakische Urkunden: die *Žilinska kniha* (1378) enthält die ältesten Rechtsnormen auf Slowakisch, und das *Privilegium pro slavis* (1381) regelte die Gleichberechtigung zwischen deutscher und slowakischer Bevölkerung. Besonders sehenswert ist die einzigartige Kunst der hiesigen Drahtflechter *(drotári)*, die ursprünglich mit dieser Technik Tongefäße reparierten und daraus dann eigene Kreationen entwickelten: z. B. Untersetzer, Körbe, Spiegelumrandungen, allerlei verzierte Halterungen sowie filigrane Figuren und Lüster. Vielerorts lebt diese alte, für den Nordwesten so charakteristische Kunstfertigkeit heute wieder auf. Die Ausstellung ist bis 2013 in der *Považská galéria umenia* in Žilina untergebracht *(M. R. Štefánika č. 2 | Di bis Fr 9–12, 12.30–17, Sa/So 10–12, 12.30–16 Uhr | Eintritt 1 Euro).*

Insider Tipp

ESSEN & TRINKEN

RESTAURANT 02

Neues, sympathisches Nichtraucherlokal mit guter Küche und flinkem Service. Empfehlenswert ist die *huspenina* (Sülze). *Tgl. | Na priekope 39 | Tel. 041/5640320* | €€

SLOVENSKÁ KOLIBA

Unweit des Marienplatzes befindet sich diese äußerlich unscheinbare, aber stimmig einfach eingerichtete „Almhütte" mit Sommerterrasse. *Tgl. | Dolný vál 40 | Tel. 041/5622413* | €

> LOW BUDGET

> Die *Ranch Borončo* in Zázrivá unweit von Terchová ist ein modernisierter Hof des Agrotourismus (es gibt Pferde und etwas Kleinvieh), der in herrlichster Gebirgslandschaft der Kleinen Fatra Unterkunft zu moderaten Preisen (8–10 Euro pro Bett) bietet. *Zázrivá Havrania ul. 27 | Tel. 043/5896142 | www.penzionagroturistika.sk*

> Im Freilichtmuseum *Havránok* wurde in herrlicher Landschaft am Liptuaer Stausee eine keltische Siedlung rekonstruiert, und der Eintritt kostet nur 2 Euro. *Juni–Aug. tgl. 8.30–18.30, Sept.–Mai tgl. 9–17 Uhr | Liptovská Mara, Ortsteil Bobrovnik*

> Der *Salaš Smrečany* am Waldrand am nordöstlichen Ortsende von Liptovský Mikuláš bietet gute und günstige authentisch slowakische Kost, ein Teller köstlicher *halušky* (Kartoffelnocken) z.B. kostet umgerechnet gerade einmal 3 Euro. *Tgl. | Tel. 044/5586118*

ÜBERNACHTEN

DOPRASTAV G HOTEL

Neubau außerhalb der Altstadt, modern-schlichte Zimmer zu guten Preisen. *22 Zi. | Kragujevská 11 | Tel. 041/7342448 | Fax 7342445 | www.doprza.sk/g_hotel* | €

HOLIDAY INN

Schick gestylter Komfort, großzügige Zimmer, Wellnessbereich, super Frühstücksbüfett, aber auch entsprechende Preise. *60 Zi. | Športová 2 | Tel. 041/5050250 | Fax 5050260 | www.zilina-holiday-inn.com* | €€€

AUSKUNFT

TOURISMUS-BÜRO

Ul. Republiky 1 | Tel. 041/7233186 | www.zilina.sk/tik

ZIELE IN DER UMGEBUNG

BOJNICE ★ [126 B4]

Einfach märchenhaft dieses Schloss: Erker, Balkone, Türme und Türmchen mit wehenden Flaggen! Verkleidete Prinzessinen führen Sie durch die Räume. Höhepunkt der in der Renaissance repräsentativ umgebauten Burg ist der Goldene Saal mit geschnitzter und vergoldeter Kassettendecke. Weitere Attraktionen sind der Türkische Saal sowie die Tropfsteinhöhle unter dem Schlossgemäuer. Besonders beliebt die Abendführungen im festlich erleuchteten Schloss *(nur Juli/Aug. Fr/Sa 21 Uhr | Eintritt 7,50 Euro)*. Vor dem Haupteingang ist die mehr als 600-jährige Matej-Linde zu bewundern. Das Schloss ist von einem großzügigen Park umgeben. *Bojnicky zámok | Di–So 10–15, Mai–Sept. 9–17 Uhr, Juni–Sept. auch Mo geöffnet | Eintritt 6 Euro*

In dem 60 km von Žilina entfernten Kurort *Bojnice* (4000 Ew.) gibt es am Hauptplatz Restaurants und Imbisslokale. Familiäre Quartiere im Zentrum bieten die *Penzión Alena (4 App. | Cintorínska 10 | Tel. 046/541 65 53 | Fax 543 18 09 | €)* und die *Penzión Bojnice (17 Zi. | Prievidzká 39 | Tel./Fax 046/540 21 43 | www.penzionbojnice.sk | €).*

Auf Schloss Bojnice kann man Greifvögel hautnah erleben

ČIČMANY [126 B3]

In dem 38 km entfernten Dorf erinnern die traditionellen weißen Hausverzierungen auf dunklem Grund an Musterbücher für Kreuzstickereien. Zwei der schönsten Häuser sind als Museum hergerichtet *(Juni–Aug. Mo 10–16, Di–So 8–18, sonst Di–So 8 bis 16 Uhr | Hlavná ul.)*, in den übrigen geht das Leben noch seinen gewohnten Gang. Čičmany eignet sich hervorragend als Ausgangspunkt für kleine Wanderungen.

RAJECKÉ TEPLICE [126 B2]

Ein weiteres Thermalbad, das in neuem (z.T. leider kitschig-postmodernem) Glanz erstrahlt. Erholsam ist ein Besuch im Thermalbad *Aphrodite (Kúpele Rajecké Teplice | Tel. 041/ 549 42 56)*. Und das „slowakische Bethlehem" im benachbarten *Rajecká Lesná* lohnt auch einen Abstecher: eine raumgreifende Krippe, im Stil slowakischer Dörfer aus Holz geschnitzt und mit Modellen der berühmtesten Sehenswürdigkeiten des Landes bestückt *(Slovenský bethlehem | tgl. 9–12, 13–18 Uhr)*.

> AUF DEN SPUREN DER EDELMETALLE

Jahrhundertelang erklang hier das „Glückauf!" der Bergleute. Heute locken malerische Bergbauorte mit ihrer reichen Tradition

> Auch die geografische Landesmitte ist von Gebirgszügen geprägt. Eingebettet darin liegen die drei bedeutendsten slowakischen Bergbaustädte Banská Bystrica, Banská Štiavnica und Kreminca.
Hier wurden früher große Vorkommen an Gold, Silber und Kupfer für den Export nach ganz Europa geschürft und verarbeitet. Von dem damit verbundenen einstigen Reichtum zeugen die gut erhaltenen Altstadtkerne dieser mittelslowakischen Städte, in die längst auch moderne Industrie Einzug gehalten hat.

BANSKÁ BYSTRICA

KARTE IN DER HINTEREN UMSCHLAGKLAPPE

[126 C4] **Das wahre Herz der Slowakei ist Banská Bystrica (85 000 Ew.) Die Stadt liegt nicht nur im Zentrum, sie gehört**

Bild: Kremnica mit Katharinenkirche

ERZGEBIRGE

auch zu den lebhaftesten im Land. Am prächtigen, von zahlreichen Renaissancehäusern umstandenen Hauptplatz herrscht bis spät abends geschäftiges Treiben. Die junge Universitätsstadt (seit 1992) versucht, immer am Puls der Zeit zu sein und sich nichts entgehen zu lassen. Städtische Privilegien erhielt Banská Bystrica 1255 von König Bela IV. Die deutschen Bergleute, die sich hier ansiedelten, nannten die Stadt Neusohl. Das hier am häufigsten geförderte Erz war Kupfer.

SEHENSWERTES

FRANZ XAVER-KIRCHE (KOSTOL SV. FR. XAVERSKÉHO)

Die barocke Jesuitenkirche erhielt ihre markanten klassizistischen Türme 1844. Sie wurden zum Wahrzeichen der Stadt. Der Hauptaltar, einige Seitenkapellen und die Kanzel entstanden zu Beginn des 19. Jhs.

Insider Tipp

LITERARISCH-MUSIKALISCHES-MUSEUM (LITERÁRNO-HUDOBNÉ MÚZEUM)

Unscheinbares, aber einzigartiges Museum: Neben regionaltypischen Instrumenten wie *fujara*, Dudelsack und Cimbal werden auch primitive Techniken des Musikmachens wie rhythmisches Steineklopfen an Hand von Videoaufzeichnungen und Tonbändern demonstriert. *Mo–Fr 9–16 Uhr | Eintritt 1 Euro | Lazovná ul. 9*

MUSEUM DES SLOWAKISCHEN NATIONALAUFSTANDS (MÚZEUM SNP)

Nahe des historischen Zentrums steht wie eine Terrine auf Stelzen das Museum, das den Partisanenkampf am Ende des Zweiten Weltkriegs dokumentiert. Der Architekt hatte bei seinem Konzept einen *širák* vor Augen,

Banská Bystricas Zentrum: der Platz des Slowakischen Nationalaufstands

die traditionelle Kopfbedeckung der Hirten, mit denen sich die Kämpfer identifizierten. Militaria, Karten, Fotos. *Mai–Sept. Di–So 9–18, Okt. bis April Di–So 9–16 Uhr | Kapitulská 23*

MITTELSLOWAKISCHES MUSEUM (STREDOSLOVENSKÉ MÚZEUM)

Das *Thurzo-Haus* dient heute Museumszwecken. 1492–1540 residierte hier die Thurzo-Fuggersche Gesellschaft, ein Bergbauunter-nehmen. Im Innern gibt's den schön restaurierten Grünen Saal mit Wandmalereien zu bewundern und viel Stadtgeschichte, die immer mit Bergbau zusammenhing. *15. Juni–15. Sept. Mo–Fr 9–17, 16. Sept.–14. Juni Mo–Fr 8–16, So 10–12, 13–17 Uhr | Nám SNP 14*

PLATZ DES SLOWAKISCHEN NATIONALAUFSTANDS (NÁMESTIE SNP) ★

Einer der weitläufigsten Stadtplätze der Slowakei, mit geschlossener historischer Bebauung und einem Obelisken in der Mitte. Eine besonders schöne und außergewöhnliche Fassade hat das Insider Tipp *Benický-Haus* *(Benického dom | Nám. SNP 16)*.

STADTBURG MIT MARIENKIRCHE (HRADNÝ AREÁL/KOSTOL PANNY MÁRIE)
Von der Burg ragt als wehrhaftes Überbleibsel die mächtige *Barbakane* auf, ein doppeltes Festungstor mit Turm. Dahinter erhebt sich die vorwiegend gotische *Marienkirche*, deren Ursprünge (1255) in der Romanik liegen. Unbedingt einen Besuch wert ist der Insider Tipp *Barbara-Altar* in der Nordkapelle, ein Werk des Meisters Paul aus Levoča (1509). In der Südkapelle ist Maria Magdalena dargestellt (Ende 15. Jh.), das Taufbecken stammt von 1475. *Nám. Baníckeho povstania*

UHRENTURM
Wer den 1552 erbauten „schiefen Turm von Bystrica" besteigt, überblickt von dort nicht nur den großartigen Stadtplatz in seiner ganzen Pracht, auch die harmonische Einbettung der Stadt in die umliegenden Berge wird deutlich. *Mitte Mai–Mitte Sept. tgl. 10–18 Uhr | Nám. SNP*

ESSEN & TRINKEN

BARBAKAN
Café und Restaurant in der alten Festungswache. Trendig-kühl, mit gemütlichen Sesseln in den vielen Bodenfensternischen. *Tgl. | Nám Š. Moyzesa 26 | Tel. 048/4152385 | www.bbarbakan.sk* | €€

BEL POSTO Insider Tipp
In einem renovierten Innenhof empfängt einen das in Schwarz-Weiß und mit Milchglas gestaltete Nichtraucherrestaurant mit einer ebenso edlen Tagesbar. *Tgl. | Horná 23 | Tel. 048/4155355* | €€

POSITIVO
Die 70er-Jahre lassen hier als hippes Remake grüßen. Café und Bar brummen zu jeder Tageszeit. *Tgl. | Dolná 9*

SLOVENSKÁ REŠTAURÁCIA
Nüchtern ausgestattetes Lokal im 1. Stock, aber mit einer reichen Auswahl an slowakischen Spezialitäten. Die Brimsen-Piroggen *(bryndzové pirohy)* oder auch die *haluško-pirohová misa* (nur für 4 Personen), eine salzig abgeschmeckte Mehlspeise, sind besonders zu empfehlen. *Tgl. | Horná ul. 39 | 048/415 50 36* | €

MARCO POLO HIGHLIGHTS

★ **Platz des Slowakischen Nationalaufstands**
Historischer Stadtplatz von Banská Bystrica mit Kneipen, Cafés, Bierkellern (Seite 78)

★ **Münzmuseum**
In Kremnica werden seit 1329 Münzen und Medaillen geprägt (Seite 84)

★ **Banská Štiavnica**
Hübsche Altstadt und historische Anlagen des ältesten slowakischen Bergbaureviers (Seite 82)

★ **Stadtburg**
Die doppelte Befestigung schützte Kremnica vor den Osmanen (Seite 85)

EINKAUFEN

Geschmackvolles und auch modern designtes Kunsthandwerk bieten neben einer neu eröffneten *ÚĽUV*-Filiale des staatlich geförderten Kunsthandwerks *(Dolná 14 | großes Angebot an Handwerkskursen)* diese beiden Läden: *Domček (Lazovná ul. 20)* und *Folk Art Shop (Nám. SNP 7)*, etwas versteckt über einen Hausdurchgang vom Platz zu erreichen.

ÜBERNACHTEN

HOTEL DIXON

Modernes Hotel mit Wellnessbereich, Tennis- und Squashplätzen. *50 Zi. | Švermova ul. 32 | Tel. 048/ 4130808 | Fax 423 11 91 | €–€€*

HOTEL KASKADY

Außerhalb der Stadt bildet das moderne Komforthotel eine wahre Oase: großer Pool, Wellnessbereich (Massagen), eine schmucke, originalgetreue Koliba, Kinderspielplatz. Zudem kann man vom Haus in den Wald laufen. Zubringerdienste, attraktive Kompaktangebote. *90 Zi. | Sliač Letecká 12 | Tel. 045/5441122 | Fax 5442883 | www.hotelkaskady.sk | €€€*

PENZIÓN BELLEVUE

K.u.k.-Pomp im Retrostil und Taschenformat: So präsentiert sich die neue, kleine Pension etwas abseits des rummeligen Hauptplatzes. *12 Zi. | Horná Strieborná 23 | Tel. 048/ 4721711 | Fax 4721728 | www.penzionbellevue.sk | €€*

TURISTICKÁ UBYTOVŇA MILVAR

Einfache Unterkunft in Mehrbettzimmern, zentrumsnah. *Školská ul. 9 | Tel. 048/413 87 73 | €*

AM ABEND

KAPITOL-PUB

Neuer Stadttreff in modern eingerichteten Kellergewölben, in dem man auch essen kann (viele Pastagerichte, €€). *Mo–Sa ab 10, So ab 18 Uhr | Kapitulská ul. 10 | Tel. 048/ 4152671 | www.kapitolpub.sk*

PONORKA ▶▶

In diesem „U-Boot" kann man bis tief in den Morgen abtauchen, angesagter Nightlife-Treff. *Mo/Di geschl. | Horná Strieborná 6*

AUSKUNFT

KULTÚRNE A INFORMAČNÉ STREDISKO (KIS)

Nám. SNP 14 | Tel. 048/415 50 85 | Fax 415 22 72 | www.kisbb.sk

ZIELE IN DER UMGEBUNG

DONOVALY [126 C3] Insider Tipp

Die 22 km entfernte Passgemeinde (915–1402 m) liegt auf der Grenze zwischen der Großen Fatra und der Niederen Tatra inmitten eines beliebten Wander- und Skigebiets (14 Skilifte), das sich langsam wieder zu einstiger Größe entwickelt. Schöne Touren sind von *Vyšná Revúca* in die Hänge der Großen Fatra möglich. Eine kleine Wandertour bietet der erneuerte Waldlehrpfad von Donovaly nach *Šachtička* (etwa 3 Std.). Anspruchsvollere Wanderer nutzen von der Bergstation des Sessellifts *Nová Hoľa* den rot markierten Weg *Cesta hrdinov SNP* entlang des Kamms zur Niederen Tatra.

Zwei sympathische neue Pensionen mit Gastronomie, die erste im Zentrum, die andere in schönem Gelände: *Penzión Encián (24 Zi. | Do-*

novaly-centrum 105 | Tel. 048/ 4199712 | www.penzionencian.sk | €–€€) und *Penzión Zornička (18 Zi. | Donovaly-Pod magurou 126 | Tel. 048/4199723 | www.zornicka.sk | €–€€).*

Weitere Infos zu Unterkünften und Sportaktivitäten: *Info Donovaly | Nám. sv. A. Paduánskeho 136 | Tel. 048/4199900 | Fax 4199909 | www.parksnow.sk/donovaly*

HRONSEK [126 C4]

In dem unscheinbaren Dorf (13 km entfernt) steht eine der seltenen noch erhaltenen Artikularkirchen. Der 1725/26 errichtete Holzbau weist skandinavische Einflüsse auf. Sechs Altarbilder und die Orgel stammen noch aus dem 18. Jh. *Besichtigung im ev. Pfarramt unter Tel. 048/ 418 81 65 vereinbaren*

ŠPANIA DOLINA [126 C4] Insider Tipp

Altes Bergmannsdorf (10 km entfernt), das heute vielen als Wochenenddomizil dient. Eine kurvige Straße führt in die schöne Siedlung mit bis zu 500 Jahre alten Bergmannshäusern, die fast alle einen der hohen Lüftungsschächte besitzen. Auf dem Weg von Bystrica nach Donovaly ein Muss für die Fans slowakischer Küche: *Koliba u sv. Krištofa (tgl. | Ul'anská cesta | Tel. 048/419 81 51 | www.usvkristofa.sk | €€).* In dem prächtigen Blockhaus mit großer Feuerstelle bedienen Männer in Tracht, auf der Karte findet man Spezialitäten wie Kuttelsuppe *(držková)* oder Hammelfleisch *(baranina).*

ZVOLEN [126 C4]

Das historische Zvolen (deutsch: Altsohl, 24 km entfernt) war lange be-

Genügsame Bergbewohner: grasende Schafe im Erzgebirge

Prachtvolle Kassettendecke im Großen Saal der Burg von Zvolen

deutender als der „Newcomer" Banská Bystrica (Neusohl). Davon zeugt auch die vor der Stadt gelagerte, gut erhaltene Burg, deren Grundmauern auf das 14. Jh. zurückgehen. Die Nationalgalerie hat heute hier ihre Exponate zur alten Kunst untergebracht; schöne Kassettendecke im großen Saal *(Zvolenský zámok | Mai–Sept. Di–So 10–17.30, Okt.–April auch Di geschl.)*.

BANSKÁ ŠTIAVNICA

[126 B–C5] ★ **Sie heißt auch die Silberne und ist ein Kleinod inmitten sanfter Hügel. Mit dem Sitz des königlichen Bergamts, des Kammerhofs und der von Maria Theresia gegründeten Bergbauakademie nimmt sie den ersten Rang unter den slowakischen Bergstädten ein.** In ehemals vulkanischem Gebiet gelegen, hat Banská Štiavnica (11 000 Ew.) reiche Vorkommen verschiedener Mineralien und daher den Beinamen „Mineralien-Mekka". Die historische Altstadt und die Bergbauanlagen wurden zum Unesco-Welterbe erklärt.

SEHENSWERTES

ALTES SCHLOSS (STARÝ ZÁMOK)

Grundlage des Komplexes ist eine romanische Basilika (13. Jh.), die noch zu besichtigen ist. Ansonsten sind im Burgareal das Lapidarium sowie Ausstellungen zu einzelnen Handwerken untergebracht. Zwei Räume sind den bekannten Štiavnicer Tabakspfeifen mit dem charakteristischen tönernen Kopf gewidmet. Repliken gibt's im Museumsladen zu kaufen. Besichtigung nur mit Führung (zu jeder vollen Stunde). *Mai bis Sept. tgl. 9–17, Okt. Di–So, Nov. bis April Di–Sa 8–16 Uhr | Eintritt 3 Euro | Starozámocká ul.*

BERGBAUMUSEUM IM KAMMERHOF (BANÍCKE MÚZEUM KOMORSKÝ DVOR)

In Štiavnica ist der Bergbau das wichtigste Thema. Zentrale der verschiedenen Zweigstellen des Bergbaumuseums ist der schöne Kammerhof aus dem 16. Jh., in dem auch die Bergbauakademie angesiedelt war. Exponate zur Theorie und Praxis des Bergbaus. *Okt.–April Mo–Fr 8–16, Mai–Sept. Di–Sa 9–17 Uhr | Kammerhofska ul. 2 | Eintritt 2 Euro*

DREIFALTIGKEITSPLATZ (NÁM. SV. TROJICE)

Schöne Stadthäuser, z.T. mit Sgraffito-Verzierungen, barocke Pestsäule zu Ehren der Hl. Dreifaltigkeit (1759–67); am südlichen Ende das Rathaus mit Uhrenturm und Katharinenkirche (1488–91).

GLANZENBERG-STOLLEN (ŠTÔLŇA GLANZENBERG)

Einer der ältesten Stollen (14. Jh.), der zudem unter der historischen Altstadt verläuft. Nachdem er in früheren Zeiten schon von Herrschern und anderen VIPs besucht wurde, darf nun jeder hinein. *Anmeldung im Infozentrum | Eintritt 4 Euro*

KLOPFTURM (KLOPAČKA)

Von hier aus wurden die Bergleute durch „Klopfen" zur Arbeit gerufen, indem ein schwerer Eichenhammer auf ein Holzbrett geschlagen wurde. Der Turm entstand 1681 und beherbergt heute eine Teestube, die türkischen Kaffee und 124 Teesorten offeriert *(Čajovňa Klopačka | tgl.). Ul. A. Sládkoviča 7 | www.klopacka.com*

Insider Tipp

ESSEN & TRINKEN

DIVNÁ PANI CAFFÉ

Gastlichkeit hinter den Fassaden einer ehemaligen Bank: ein kleines Bistro *(€€)* und ein großzügiges, glasüberdachtes Atrium mit riesigen Sofas auf rohem Ziegelboden. Gefüllte Bücherregale und ein Flügel unterstreichen das entspannte Flair. *Tgl. | Ul. A. Kmeťa 10*

REŠTAURÁCIA U BÖHMA

Kleines, gemütliches Restaurant, dessen Wohnzimmeratmosphäre durch den offenen Kamin verstärkt wird. *So geschl. | Strieborná 7 | Handy 0903/52 50 22 | €*

EINKAUFEN

DIELA A DIELKA

Hier finden Sie eine große Auswahl an „Werken und Werkchen" slowakischer Künstler und originelle Souvenirs. *Nám. sv. Trojice 7*

ÜBERNACHTEN

HOTEL GRAND MATEJ

Wirklich „grand" ist es zwar immer noch nicht, doch brachten die moderneren (teureren) Zimmer wieder etwas Glanz in dieses Traditionshotel. *40 Zi. | Kammerhofská 5 | Tel. 045/692 12 13 | Fax 692 12 94 | €–€€*

TVORIVÉ ZARIADENIE FVÚ

Das Hochschulinstitut bietet einfache, aber saubere und preiswerte Unterkunft (ca. 10 Euro/Pers.). *Novozámocká 6 | Tel. 045/691 19 45*

AUSKUNFT

INFORMAČNÉ CENTRUM (INFOZENTRUM)

Nám. sv. Trojice 6 | Tel./Fax 045/694 96 53 | www.banskastiavnica.sk

ZIEL IN DER UMGEBUNG

ST. ANTON (SVÄTÝ ANTON) [126 C5]

Die stattliche vierflügelige Anlage die 1744–50 auf Grundfesten einer Burg aus dem 15. Jh. entstand, diente dem bulgarischen Zaren aus dem deutschen Adelsgeschlecht Sachsen Coburg-Gota als Sommerresidenz. Obwohl renovierungsbedürftig, sind die Salons üppig bestückt und geben einen Eindruck vom adeligen Leben in diesem vergessenen Landstrich. Die Jagdleidenschaft der Hausherren dokumentieren Geweihe und Trophäen. Besondere Aufmerksamkeit verdient das vom Zaren Ferdinand eigenhändig mit Pflanzen Insider Tipp bemalte Tischchen *(Múzeum vo sv. Antone | nur mit Führung | Mai/Juni Di–So 8.30–16, Juli/Aug. Mo–So 9–17.30, Sept. Di–So 8.30–16, Okt.–April Di bis Sa 8–15 Uhr | Tel. 045/691 39 32 | Eintritt 4 Euro; 5 km südöstlich von Banská Štiavnica Richtung Dudince).*

Unweit des Schlosses befindet sich die *Ranč Nádej* mit Pferden und Fischzucht. Man kann dort reiten, mit der Pferdekutsche fahren oder im privaten Teich fischen. Die Ranch verleiht auch Fahrräder inklusive Tourenkarten und veranstaltet Ziegenfeste mit kulinarischen Spezialitäten *(Ranč Nádej Svätý Anton | Tel. 045/693 11 52 | www.rancnadej.sk).*

In der Grundschule *Základná škola Maximiliána Hella* in Štiavnické bane wird die Insider Tipp Jagd mit einem Raubvogel inszeniert – eine unvergessliches Erlebnis auch für Erwachsene *(Schulleiter Herr Michal: Handy 0905/25 88 47 | www.zakladnaskola.com).*

> LOW BUDGET

- Schlicht, aber sympathisch und günstig (DZ ca. 30 Euro) ist die solide betriebene kleine *Penzión Príjemný oddych* mitten in Banská Štiavnica. Schon der Name ist einladend: „angenehme Erholung". *9 Zi. | Starozámocká 3 | Tel. 045/692 13 01 | www.prijemnyoddych.sk*
- *Salaš Hron* ist ein einfaches, aber typisches Gasthaus. So schmucklos, aber gut haben Sie selten gegessen. Toll sind zum Dessert die fruchtig gefüllten Knödel mit Quark und zerlassener Butter (3 Euro). Das Lokal liegt einsam hinter der Ortsausfahrt von Kováčová an der alten Landstraße nach Zvolen (die Autobahn führt daran vorbei, ohne dass man abbiegen kann). *Tgl. | Tel. 045/5445450*

KREMNICA

[126 C4] Kremnica (6500 Ew.) lockt mit einem geschlossenen mittelalterlichen Zentrum. Die autofreie Altstadt betritt man durch ein gut erhaltenes doppeltes Stadttor *(Barbakane).* Der Hauptplatz *(Štefánikovo nám.)* bildet ein harmonisches Geviert mit alten Fassaden, dem leider auf Grund der Hanglage die zentrale Kirche abhanden kam – sie musste aus statischen Gründen abgetragen werden. Lediglich eine üppige barocke *Pestsäule* überdauerte. Weiter den Hügel hinan liegt die *Stadtburg*, zu betreten über eine überdachte Holztreppe. Berühmt ist Kremnica wegen seiner Münzanstalt – 1328 gegründet und seither ununterbrochen in Betrieb.

SEHENSWERTES

MÜNZMUSEUM (MÚZEUM MINCÍ A MEDAILÍ) ★

In Kremnica dreht sich alles um Münzen. In dem 2004 umgebauten und zum Museum des Jahres gekürten Gebäude mit spätgotischem Portal finden Sie Infos zur Stadtgeschichte und alte Münzen. *Juli–Sept. Di–So 8.30–13, 14–17.30, Okt.–Mai Di–Sa 9–13, 14–16.30 Uhr | Eintritt 2,69 Euro | Štefánikovo nám. 11/21*

STADTBURG (MESTSKÝ HRAD) ★

Das seltene Beispiel einer noch intakten Stadtburg mit z. T. doppelten Befestigungsmauern. Im Innern die Katharinenkirche (14. Jh.), der frei stehende kleine Glockenturm und ein Beinhaus, das älteste erhaltene Gebäude aus dem 13. Jh. mit romanischem Gewölbe. Vom Turm haben Sie eine herrliche Sicht auf die Stadt und die umliegenden Hügel. *Juni–Sept. Di–So 8.30–12, 13–17.30, Okt.–Mai Di–Sa 9–12, 13–16.30 Uhr | Eintritt 2,69 Euro | Zámocké nám. 568/1*

ESSEN & TRINKEN

REŠTAURÁCIA SILVANUS

Sachlich ausgestattes Jagdrestaurant mit guter Küche und großzügiger Sommerterrasse im stillen Innenhof. *Tgl. | Štefánikovo nám. 33/44 | Tel. 045/674 37 46 | €*

ÜBERNACHTEN

HOTEL CENTRÁL

Kleines und preiswertes, aber dennoch modernes Hotel in der Nähe des unteren Stadttors. *Dolná 40 | Tel. 045/674 42 10 | Fax 674 42 14 | www.hotel-central.sk | €*

AUSKUNFT

INFORMAČNÉ CENTRUM

Štefánikovo nám. 35/44 | Tel./Fax 045/674 28 56 | www.kremnica.sk

Katharinenkirche in Kremnicas Stadtburg

ZIEL IN DER UMGEBUNG

KREMNICER HÖHEN (KREMNICKÉ VRCHY) [126 B–C4]

Die Kuppen (1000–1400 m) der 5 km entfernten Höhen können auch ungeübte Wanderer mühelos erklimmen. Eine davon ist besonders attraktiv: *Jánsky vrch.* Hier, an der Johanneskirche zwischen Kremnické Bane und Krahule, befinden Sie sich in der aus slowakischer Sicht geografischen Mitte Europas, auch wenn Sie eher das Gefühl beschleicht, nie weiter davon weg gewesen zu sein. Insider Tipp

> MADONNEN UND KARSTSCHLUCHTEN

Der Landstrich der Zips ist eine wahre Schatzkammer gotischer Kunst – und die Natur ist an romantischer Ursprünglichkeit nicht zu überbieten

> In der östlich gelegenen Zips *(Spiš)* ließen sich im Mittelalter viele deutsche Kolonisten nieder. Handwerk und Handel brachten einer Reihe von Städten wirtschaftlichen Reichtum, der sich in Architektur und Kunst niederschlug.

Kežmarok im Norden und Levoča im Süden wetteiferten einst um den ersten Rang. An Levoča schließt sich vor den Toren des heutigen regionalen Knotenpunkts Spišská Nová Ves eine traumhafte Region für Naturfreunde an. Das Slowakische Paradies *(Slovenský raj)* erhielt seinen Namen nicht von ungefähr: Atemberaubende Schluchten werden mit Klettersteigen und Leitern überwunden. Wasserfälle komplettieren das wild-romantische Bild. Weiter östlich steht in Košice mit St. Elisabeth das größte und beeindruckendste Gotteshaus der Region. Auch die Stadtplätze von Prešov und Bardejov haben sich ihre historische Bebauung

Bild: St.-Elisabeth-Dom in Košice

ZIPS/ OSTSLOWAKEI

erhalten. Das historische Zentrum von Bardejov aus dem 18. Jh. wurde zusammen mit dem jüdischen Viertel *(Suburbium)* von der Unesco 2000 als Weltkulturerbe anerkannt. Und mit noch einem Markenzeichen lockt der Osten der Slowakei: Holzkirchen mit verschachtelten Zwiebeltürmen und prunkvollen Ikonenwänden im Innern. Dazu gibt's auch hier viel Natur und das berühmte Thermalbad Bardejovské Kúpele zu erleben.

KEŽMAROK

[128 A2] **Das einst auf Deutsch Käsmark genannte Städtchen (17 000 Ew.) bietet ein grandioses Stadtpanorama.** Vor der Kulisse der schneebedeckten Zweitausender der Hohen und Weißen Tatra ragen die typischen Zipser Renaissancetürme und das südländisch wirkende Rathaus auf. Kein Wunder, dass von hier die ersten Tatra-Touristen aufgebrochen sein sollen.

KEŽMAROK

SEHENSWERTES

ARTIKULARKIRCHE (DREVENÝ ARTIKULÁRNY KOSTOL) ★

Die Zips war überwiegend protestantisch, Kežmarok recht wohlhabend

„Singender Brunnen" vor dem Theater von Košice

und so entstand eine reich geschmückte Artikularkirche (seit 2009 Unesco-Weltkulturbere), die in ihrer aufwendigen Ausstattung die am besten erhaltene in der Slowakei ist. Nach der Fertigstellung 1717 schuf Johannes Lerch den kunstvoll gedrechselten Altar und die barock überbordende Kanzel. Besonderes Augenmerk verdienen die anschaulich gestalteten Darstellungen aus dem Alten Testament an den hölzernen Emporen. Über all das spannt sich ein märchenhaft blauer Himmel mit verträumten Schäfchenwolken. *Mai–Okt Mo–Sa 9–12, 14–17, Nov. bis April Di, Fr 10–12, 14–16 Uhr | Eintritt 2 Euro | Hviezdoslavova ul.*

HEILIG-KREUZ-BASILIKA (BAZILIKA SV. KRÍŽA)

Der von fern sichtbare Kirchturm erinnert an einen Fabrikschlot, dafür ist der niedrigere Glockenturm (1586–91) neben dem Hauptportal umso prächtiger. Er erfreut mit reichen Sgraffito-Verzierungen. Die Basilika selbst ist ein spätgotischer Hallendom. Das Herzstück der Innenausstattung bildet der üppig mit Figuren bestückte gotische Hauptaltar (um 1500), der dem Umkreis des Meisters Paul aus Levoča zugeschieben wird. *Juni bis Sept. Mo–Fr 9–17 Uhr, sonst nach Vereinbarung (Tel. 052/452 22 20) | Eintritt 1 Euro | Kostolné nám.*

Insider Tipp

STADTBURG (MESTSKÝ HRAD)

Glatte Mauern mit Zinnen beherbergen heute das *Stadtmuseum*, dessen Exponate in den verschiedenen Teilen der Burg zu sehen sind, so dass man die ganze Anlage kennenlernen kann. *Mai–Sept. Di–So 9–12, 13–17 Uhr, Einlass halbstdl., Okt.–April Mo–Fr 9–15 Uhr, Einlass stdl. | Eintritt 3 Euro | Hradné nám. 42*

ESSEN & TRINKEN

U JAKUBA

Insider Tipp

Eine modern und geräumig gestaltete Koliba mit großer Auswahl unweit der Hauptstraße, Kaminfeuer. *Tgl. | Starý trh 39 | Tel. 052/452 63 15 | €€*

ÜBERNACHTEN

HOTEL CLUB

Das beste Hotel der Stadt mit hauseigenem Restaurant. *MUDr. Alexandra 24 | Tel. 052/4524051 | Fax 4524053 | www.hotelclubkezmarok.sk* | €

AUSKUNFT

KEŽMARSKÁ INFORMAČNÁ AGENTÚRA

Hlavné nám. 46 | Tel./Fax 052/452 40 47 | www.kezmarok.net

KOŠICE

KARTE IN DER HINTEREN UMSCHLAGKLAPPE

[128 C4] **Auf Deutsch ehemals Kaschau genannt, war Košice eine bedeutende Stadt im ungarischen Reich. Heute bildet Košice im Osten der Slowakei als zweitgrößte Stadt des Landes (240000 Ew.) einen beachtenswerten Gegenpol zur Hauptstadt Bratislava.** Nationale wie internationale Institutionen und Firmen, Universitäten, diverse Theater und eine eigene Philharmonie sorgen für eine geschäftige und kulturell ambitionierte Atmosphäre. Der größte Industriebetrieb der Slowakei liegt vor den Toren der Stadt. Die Ostslowakischen Stahlwerke wurden von US-Steel übernommen, man hofft auf den ersehnten Aufschwung.

SEHENSWERTES

HAUPTSTRASSE (HLAVNÁ ULICA)

Sie ist das Kernstück der Stadt, doch architektonisch keineswegs so lapidar, wie es ihre Bezeichnung vermuten lässt. In der Mitte spaltet sie sich für den Dom und das Theater zu einem linsenförmigen Platz. Auf über 1 km Länge reihen sich historische Fassaden dicht an dicht. Die meisten Häuser und Kirchen sind gotischen Ursprungs, veränderten aber im Lauf der Jahrhunderte ihr Erscheinungsbild und zeigen heute meist barocke bis klassizistische Fassaden. Eine Attraktion und der Treffpunkt der Jugend auf dem Platz vor dem Theater ist der „singende Brunnen". Die Lautsprechermusik bestimmt mit der Phonstärke, wie hoch die Wasserstrahlen im Rhythmus der Musik in die Höhe schießen. *Insider Tipp*

JAKAB-PALAIS (JAKABOV PALÁC)

Ein Repräsentationsgebäude mit verspielt-verziertem Turm über dem

MARCO POLO HIGHLIGHTS

★ **St.-Elisabeth-Dom**
Imposante Hochgotik in Košiče (Seite 90)

★ **Apostel-Altar**
Vollendetes Schnitzwerk in Levoča (Seite 95)

★ **Zipser Burg**
Eine der größten Burganlagen Europas (Seite 97)

★ **Artikularkirche**
Kežmaroks Kleinod: reiche Drechselarbeiten (Seite 88)

★ **Dobšina-Eishöhle**
Mit Eis gefüllter Hohlraum im Karstgestein (Seite 97)

★ **Rathausplatz von Bardejov**
Prächtige „gute Stube" des stolzen Städtchens (Seite 92)

Eingangsportal: So stellte man sich Ende des 19. Jhs. das Mittelalter vor. *Am Ende der Mlynská ul.*

MIKLUŠ-GEFÄNGNIS (MIKLUŠOVA VÄZNICA)
Im ehemaligen Haus des Henkers ist Stadtgeschichtliches und eine Ausstellung zur mittelalterlichen Feudaljustiz zu sehen. *Di–Sa 9–17, So 9–13 Uhr | Pri Miklušovej väznici 10*

OSTSLOWAKISCHES MUSEUM (VÝCHODOSLOVENSKÉ MÚZEUM)
Ein umfangreiches Museum zur Historie von Stadt und Umland. Besonderer Stolz ist der Goldschatz von Košice: 2920 Goldmünzen des 15. bis 17. Jhs. aus 81 Münzstätten Europas. *Di–Sa 9–17, So 9–13 Uhr | Nám. Maratónu mieru*

SLOWAKISCHES TECHNISCHES MUSEUM (SLOVENSKÉ TECHNICKÉ MÚZEUM)
Der Stammsitz des nationalen Technikmuseums dokumentiert hinter der barocken Fassade des sogenannten Kapitänspalais den Bergbau in der Slowakei. An Modellen können Besucher viel ausprobieren. *Di–Fr 8–17, Sa 9–14, So 12–17 Uhr | Hlavná ul. 88*

Imposante Hochgotik in Košice: der St.-Elisabeth-Dom

ST.-ELISABETH-DOM (DÓM SV. ALŽBETY) ★
Der Mittelpunkt der Stadt, der St.-Elisabeth-Dom, ist das östlichste Bauwerk der europäischen Hochgotik. 1378–1508 entstand das fünfschiffige Gotteshaus in den für diese Region beeindruckenden Ausmaßen. Von den zwei Türmen wurde nur der nördliche später in barockem Stil zu Ende gebracht. Die barmherzigen Taten der Hl. Elisabeth, Tochter des

Ungarnkönigs Andreas II., werden im Giebel über dem Eingangstor gezeigt. Im Innern als Höhepunkt der Hauptaltar: 48 gotische Tafelbilder umgeben die überlebensgroßen Statuen Marias und zweier Elisabeths. Zum Ensemble des Doms gehört die *St.-Michaels-Kappelle* aus dem 14. Jh. an der Südseite und der *Urban-Turm* mit umlaufenden Arkaden, die als Lapidarium genutzt werden. Von oben herrlicher Ausblick.

ESSEN & TRINKEN

An der Hlavná gibt es jede Menge Cafés, Snackbars, Schnellimbisse: auf Sommerterrassen, in Kellergewölben und in Hinterhöfen.

CARPANO

Im Erdgeschoss viel frequentiertes Café, im Tiefparterre das Restaurant mit bürgerlicher Küche und italienischen Spezialitäten. *Tgl.* | *Hlavná 42* | *Tel. 055/623 00 03* | €€

REŠTAURÁCIA 12 APOŠTOLOV

Das mittelalerlich gestylte, 2003 zum besten der Stadt gekürte Lokal wurde nach den 12 Aposteln benannt. *Tgl.* | *Kováčska 51* | *Tel. 055/7295104* | €€

UHORSKÝ DVOR

Gepflegtes Restaurant in der Altstadt, das ungarische Spezialitäten auftischt; Sommerterrasse und Pub in historischem Gewölbe. *Tgl.* | *Bočná 10* | *Tel. 055/728 84 93* | €€

EINKAUFEN

HANDWERKERGASSE

Das Parallelgässchen zur Hauptstraße soll eine mittelalterliche Handwerkergasse darstellen. Manches stammt zwar aus industrieller Massenproduktion, doch das meiste ist von Hand gefertigt. *Hrnčiarska ul.*

ÜBERNACHTEN

HOTEL CENTRUM

Versprüht noch sozialistische Atmosphäre, doch das Hotel ist zentral, und die Zimmer sind renoviert. Günstige Wochenendpreise. *Južná trieda 2* | *Tel. 055/676 31 01* | *Fax 676 43 80* | *www.hotel-centrum.sk* | €

HOTEL SLÁVIA

Der alte Glanz des schönen Jugendstilgebäudes am Theater wurde aufpoliert, innen hat man es gekonnt

>LOW BUDGET

- > Unweit von Košice (27 km) gibt es ein Naturspektakel ganz umsonst, man muss nur zur rechten Zeit zur Stelle sein. Der kalte (!) Geysir von *Herľany* speit alle 32–34 Stunden sein Wasser über 400 m in die Höhe – im Infobüro Košice können Sie den Zeitpunkt des nächsten Ausstoßes erfragen.
- > Zur Besichtigung der Nordzipser Sehenswürdigkeiten in Kežmarok können Sie gut und günstig in der Pension *Max* absteigen. Das kostet je nach Saison 13–15 Euro pro Person (DZ). *Starý trh 9* | *Tel. 052/4526324*
- > Wer sich den Eintritt in die die Zipser Burg sparen möchte, kann sie wandernd kostenlos von außen bewundern und dabei noch etwas über den typischen Stein, aus dem sie erbaut ist, erfahren. Nördlich führt ein Lehrpfad auf die charakteristischen Travertinfelsen zum Drevenník.

heutigen Zeiten angepasst; mit Restaurant. *20 Zi.* | *Hlavna 63* | *Tel. 055/ 622 43 95* | *Fax 623 31 90* | *www.hotelslavia.sk* | €€–€€€

AM ABEND

IC CULTURE TRAM

Eine engagierte Bürgerinitiative, die sich der Förderung nicht-kommerzieller Kultur und künstlerischer Aktivitäten verschrieben hat, bietet fast jeden Abend Programm: Musik, Theater, Film, Tanz, Workshops. *Nižná úvrať 25* | *www.icct.sk*

Insider Tipp JAZZ CLUB

Renommierter Jazzkeller, der sich (zumindest tageweise) auch auf die Disko- und Partygeneration eingestellt hat. *Di–Sa 20–3 Uhr, Fr oder Sa Livekonzerte* | *Kovačska 39* | *Tel. 055/622 42 37* | *www.jazzclub-ke.sk*

AUSKUNFT

INFORMAČNÉ CENTRUM

Hlavná ul. 59 | *Tel. 055/625 88 88* | *Fax 625 45 02* | *www.kosice.sk*

ZIELE IN DER UMGEBUNG

BARDEJOV [128 C2]

Bartfeld hieß das kleine Städtchen (70 km nördlich von Košice) am Fuß der Beskiden einst. Deutsche Handwerker verhalfen ihm im Mittelalter zur Blüte. Das historische Zentrum von Bardejov repräsentiert den Typus der Urbanisierung im östlichen Zentraleuropa vom 14.–16. Jh. 2000 wurde es zusammen mit dem kleinen Judenviertel, das um die Synagoge aus dem 18. Jh. gruppiert ist, ins Unesco-Weltkulturerbe aufgenommen. Bürgerstolz verrät der ★ *Rathausplatz* mit dem *Alten Rathaus*. Es stellt in seiner Renaissance-Ausgestaltung ein wahres Kleinod dar. Heute ist hier ein Teil des *Šariš-Museums* untergebracht. Es zeigt die von deutschem Geist geprägte Stadtgeschichte *(Šarišské múzeum v Starej radnici* | *Mai–Sept. Di–So 8.30 bis 12.30, 13–16.30, sonst bis 16 Uhr* | *Radničné nám. 48)*. Bardejov wurde nach der Reformation eine Bastion des Protestantismus. In der gotischen *Ägidien-Kirche* (15. Jh.) kam es aber nicht zur Vernichtung der Flügelaltäre. Sie können heute noch bewundert werden *(Farský kostol sv. Egídia* | *Mo–Fr 9.30–17, Sa 10–15, So 11.30 bis 15 Uhr)*. Liebhaber christlich-orthodoxer Kunst kommen in der Ikonenausstellung des *Šarišské Múzeums* auf ihre Kosten: jede Menge

> G WIE GOTISCHE STRASSE

Die Zips ist die Schatzkammer der Gotik

Immer wieder finden Sie in der historischen Zips Hinweisschilder mit einem gotischen Fensterbogen und einem „G". In der Werkstatt und im Umkreis des Meisters Paul von Levoča entstanden Kunstwerke, die allemal einen Besuch wert sind. Als wahres Kleinod erstrahlt z.B. nach langer Restaurierung die St.-Georgs-Kirche in *Spišská Sobota* (heute Teil von Poprad) heute wieder in beeindruckender Pracht. *Karten und Broschüren zur Gotischen Straße gibt es in den Informationsbüros der Zipser Städte*

sider
ipp
Ikonen und Ikonenwände des 16.–19. Jhs. *(Mai–Sept. Di–So 8.30–12, 12.30 bis 16.30, Okt.–April nur bis 16 Uhr | Eintritt 1,50 Euro | Radničné nám. 27).*

Am Rathausplatz finden Sie viele Lokale. Das Restaurant *Hubert* serviert in einem traditionellen Kellerlokal oder auf der Terrasse *(tgl. | Radničné nám. 6 | Tel. 054/474 26 03 | €€).* Übernachtungsmöglichkeiten sind rar. Ein aufgepeppter „Kasten" ist das *Hotel Šariš (18 Zi. | Nám. SNP 12 | Tel. 054/4724373 | Fax 4883381 | €).* Einfacher, dafür zentral: *Penzión Semafór (Kellerova 13 | Tel. 054/4744433 | €). Auskunft: Turisticko informačná kancelária | Radničné nám. 21 | Tel. 054/474 40 03 | www.tik-bardejov.sk*

BARDEJOVSKÉ KÚPELE [128 C2]

Nur 5 km von Bardejov entfernt liegt dieses Kurbad, dessen heilsame Quellen schon seit dem frühen Mittelalter bekannt sind. Im 19. Jh. war es ein frequentierter Badeort für den ungarischen und ausländischen Adel. Das Kurareal ist weitläufig, mit viel Grün und alten Bäumen, parallel dazu zieht sich ein Park, in dem das *Šarišer-Freilichtmuseum* inklusive einer Holzkirche aufgebaut wurde. In der Hochsaison führen verschiedene Handwerker nach traditioneller Manier ihre Künste vor *(Múzeum ľudovej architektúry | Mai–Sept. tgl. 9.30–12, 12.30–17.30, sonst Mo geschl. und nur bis 15.30 Uhr | Eintritt 1,50 Euro | im Kurareal).* Es gibt Hallen- und Freibad, und die Umgebung bietet viele Hügel zum Wandern und Spazierengehen.

Kurverwaltung: Slovenské liečebné kúpele | Tel. 054/477 44 70 | Fax 472 35 49 | www.kupele-bj.sk

Wie mit dem Lineal gezogen wirkt der Rathausplatz von Bardejov

MEDZILABORCE [129 E2]

Dieser Ort liegt nun wirklich im hintersten Winkel der Slowakei: ca. 110 km nordöstlich von Košice. Seinen Bekanntheitsgrad verdankt er dem hier von Andy Warhols Bruder Paul eröffneten Insider Tipp *Warhol-Familienmuseum* in die Nähe des Geburtsorts der Eltern (Miková). Auch die Arbeiten des Neffen John Warhol sind hier zu sehen. Der Weg durch eine sanfthügelige Landschaft mit verstreuten Dörfern lohnt nicht unbedingt wegen der Hand voll Serigrafien des New Yorker Pop-Art-Künstlers (1928 bis 87), sondern eher, um sich dessen Herkunft als Andrej Warhola aus dem ruthenischen Bauernmilieu zu vergegenwärtigen. *Múzeum moderného umenia Andyho Warhola | Di–Fr 10–16.30, Sa/So 12–16.30 Uhr | ul. Andyho Warhola 749/26*

PREŠOV [128 C3]

Sie ist mit 92 000 Ew. die drittgrößte Stadt der Slowakei (25 km nördlich von Košice) und bietet ebenfalls einen beachtenswerten *Hauptplatz (Hlavné nám.)*. Auf der „Insel" in der Mitte steht die auf die Gotik zurückgehende *St.-Nikolaus-Kirche* (1330 bis 1505), Glanzstück ist der barocke Hauptaltar (1696). Von den reizvollen Fassaden am Platz sind fast alle eingehender Betrachtung wert, auffällig ist das *Rákóczi-Palais* mit seinem verspielten Renaissancegiebel, der zudem mit Sgraffiti verziert ist – heute Sitz des *Heimatmuseums (Krajské múzeum | Di–Fr 9–17, So 14–18 Uhr | Hlavná ul. 86)*. Schön und außergewöhnlich ist die Insider Tipp Judaika-Ausstellung in der ehemaligen *Synagoge,* die an die einst große jüdische Gemeinde Prešovs erinnert *(Židovské*

Eine der typischen Holzkirchen unweit von Svídnik: Nížny Komárnik

múzeum | Di, Mi 11–15, Do/Fr 9–13, So 14–16 Uhr | Okružná 32).

Auskunft: Mestské informačné centrum | Hlavná 67 (im Gebäude des Hotels Senator) | Tel. 051/773 11 13 | Fax 759 32 81 | www.presov.info.sk

SVIDNÍK [129 D2]

Das Städtchen (80 km nördlich von Košice) ist das nördlichste Zentrum der Ruthenen, einer sich von den Ukrainern absetzenden Volksgruppe der nordöstlichen Slowakei. Von hier können Sie in kurzer Zeit bei einer kleinen Rundfahrt (im Umkreis von ca. 20 km) bis zu elf der griechisch-katholischen Holzkirchen aufsuchen – der Messner wohnt meist nebenan und schließt gern auf. Bei diesen Gläubigen zelebriert ein katholischer Priester den Gottesdienst nach orthodoxem Ritus. Eine Route zu den schönsten Kirchen führt nördlich von Svídnik über *Ladomírová* (1742) nach *Krajné Čierno* (1658), dann wieder zurück auf die Landstraße nach *Hunkovce* (1779). An der nächsten Abzweigung geht es nach *Bodružal*, einer der ältesten (1658), gefolgt von *Nížny Komárnik* kurz vor dem Dukla-Pass, der „modernsten" dieser Kirchen von 1938.

LEVOČA

[128 B3] **Sie wird die Königin der Zips genannt, nicht zuletzt weil sie das hochkarätigste Zipser Kunstwerk beherbergt: den Apostel-Altar von Meister Paul, der zugleich der höchste seiner Art auf der ganzen Welt ist.** Auch in Levoča (deutsch: Leutschau, 14 000 Ew.) findet sich mal wieder alles Wesentliche an einem zentralen Platz, der harmonisch schön von historischen Gebäuden eingerahmt wird, versammelt.

SEHENSWERTES

HAUS VON MEISTER PAUL (DOM MAJSTRA PAVLA)

Hinter eher bescheidener Fassade befindet sich das ehemalige Wohnhaus von Meister Paul. Die Zeugnisse zu seinem Leben sind spärlich, dafür können Sie einige gelungene Nachbildungen seiner berühmten Figuren endlich mal aus nächster Nähe betrachten. *Di–So 9–17 Uhr | Nám. Majstra Pavla 20*

RATHAUS (RADNICA)

Eines der meistfotografierten Rathäuser des Landes – und das hat seinen Grund: Renaissance-Arkaden zieren das Erdgeschoss und Teile des ersten Stockwerks. Das Gebäude steht frei am Platz, Fassadenfronten mit spitz zulaufenden, bewimpelten Giebeln gibt es auf allen Seiten. Das Museum im ersten Stock zeigt Stadtgeschichtliches. *Radnica múzeum | tgl. 9–17 Uhr | Eintritt 3,50 Euro | Nám. Majstra Pavla 2*

ST.-JAKOB-KIRCHE (KOSTOL SV. JAKUBA)

Von außen ist sie nicht spektakulär, innen überbieten sich die kostbaren Ausstattungsgegenstände gegenseitig: 15 z.T. gotische Altäre – allen voran der von Meister Paul geschaffene ★ *Apostel-Altar* mit seinen sanft melancholisch wirkenden, sehr lebensnahen Figuren. So wirkt auch die Abendmahlgruppe im Altarsockel eher wie eine fröhliche Männerrunde, denn als das letzte Treffen der Apostel vor der Kreuzigung des

Herrn. Der filigrane Altaraufsatz zieht sich in einzigartige Höhen (18,62 m), die sonst kein erhaltener Gotikaltar der Welt erreicht. Ein Superlativ, den Sie sich nicht entgehen lassen sollten! Besichtigung nur mit Führung. *Jan.–Ostern Di–Sa stdl. 8.30–11.30, 13–16, Ostern–Juni auch Mo 11.30, 13–16, So 13–16, Juli/Aug. halbstdl. Mo 11 bis 17, Di–Sa 9–17, So 13–17, Sept./Okt. Mo 11.30–16, Di–Sa 8.30–16, So 13–16 Uhr | Eintritt 2 Euro*

Insider Tipp

THURZO-HAUS (THURZOV DOM)

Eines der prächtigen Beispiele, wie man sich im östlichen Europa die italienische Renaissance vorstellte: Am Thurzo-Haus bestechen die satte ockergelbe Farbe mit ochsenblutroten Sgraffito-Zeichnungen sowie die knubbeligen Zinnen mit versetzten Wimpeln – Stein gewordener Patrizierstolz. *Nám. Majstra Pavla 16*

Meister Pauls Apostel-Altar in der St.-Jakob-Kirche von Levoča

ESSEN & TRINKEN

Die Restaurantauswahl ist im Gegensatz zum Kunstangebot nicht wirklich berauschend: Gut essen können Sie im *Hotel Arkada (Nám. Majstra Pavla 26 | €€)*. Ein angenehmes Familienunternehmen ist die Snackbar und Restaurant *U Janusa* mit Kamin *(Kláštorská 22 | €)*. Auf dem Weg zur Zipser Burg (ca. 11 km Richtung Prešov) bietet der *Spišsky salaš* deftige, typisch slowakische Kost in stilgetreuem Ambiente *(tgl. | ausgeschildert | Tel. 053/4541202 | www.spisskysalas.sk | €€)*.

ÜBERNACHTEN

HOTEL ARKÁDA

Am Hauptplatz, in historischem Gebäude, mit neu hergerichteten Zimmern. *32 Zi. | Nám. Majstra Pavla 26 | Tel. 053/451 23 72 | Fax 451 22 55 | www.arkada.sk | €€*

HOTEL SATEL

Insider Tipp

Ein durchschnittliches Stadthotel, das allerdings in einem sehr schönen und typischen Levočer Haus untergebracht ist: über schmiedeeiserne Pawlatschenbalkone gelangen Sie in Ihr Zimmer. Der Hof wird im Sommer als Café-Restaurant genutzt. *23 Zi. | Nám. Majstra Pavla 55 | Tel. 053/451 29 43 | Fax 451 44 86 | www.satel-slovakia.sk | €€*

AUSKUNFT

KULTÚRNO-INFORMAČNÉ CENTRUM

Nám. Majstra Pavla 58 | Tel./Fax 053/451 37 63 | www.levoca.sk

ZIELE IN DER UMGEBUNG

SLOWAKISCHES PARADIES (SLOVENSKÝ RAJ) [128 A3]

Südwestlich von Levoča und westlich von Spišska Nova Ves erstreckt sich ein reizvolles Karstgebiet mit steilen Schluchten, romantisch bis wild plätschernden Wasserfällen und Höhlen. Die Slowaken haben ihr „Paradies“ zum Nationalpark erklärt. Ausgangspunkt für viele Wanderungen im oberen Teil ist der Ortsteil Čingov von Spišská Nová Ves. Zur schönsten und interessantesten Trasse zählt jene über den *Thomas-Ausblick* (*Tomašovský výhľad*), bei der Sie auf einer dramatisch abfallenden Felsterrasse über dem Fluss Hornád bis zur Hohen Tatra blicken können. Ein weiterer Höhepunkt ist die schon anspruchsvollere Durchquerung des Hornád-Durchbruchs, wo man auf die Hilfe von Stegen, Ketten und Steigeisen angewiesen ist. Insider Tipp

Ein touristisches Zentrum im Süden des Slowakischen Paradieses ist *Dedinky* am Stausee *Palcmanská Maša*. Hier sind Sie mitten im Karstgebirge und können im Sommer am See auch Wassersport treiben. Einen Besuch wert ist die nahe ★ *Dobšiná-Eishöhle,* die seit 1995 Unesco-Weltnaturerbe ist. Allein die zzt. zugänglichen 475 m des insgesamt 1232 m langen Eispalasts geben ein eindrucksvolles Bild der gläsern-kalten Pracht von Eisfällen, Stalagmiten und Eissäulen. An der dicksten Stelle misst das Bodeneis satte 26,50 m!

ZIPSER BURG (SPIŠSKÝ HRAD) ★ [128 B3]

Wie ein Riff aus der Brandung taucht der Travertin-Felsen 16 km östlich von Levoča aus den sanften Hängen der Umgebung auf und trägt die Zipser Burg. Die frühesten Urkunden datieren von 1209, archäologisch lässt sich eine viel frühere Bebauung nachweisen. Sie zählt zu den größten Burganlagen Europas (über 40 000 m²) und wird seit 1993 von der Unesco geschützt. Im Sommer gibt es am Burghang Rittergefechte und Turniere vor authentischer Kulisse *(Auskunft über Infobüro Levoča). Burg mit Museum: April tgl. 9–16, Mai–Nov. 9–18 Uhr | Eintritt 5 Euro*

ZIPSER KAPITEL (SPIŠSKÁ KAPITULA) [128 B3]

Bischofssitz der Region (14 km östlich von Levoča). Die wenigen Gässlein säumen fast ausschließlich Priesterwohnungen. In der zweitürmigen *St.-Martins-Kathedrale* (1245–75) stehen die wertvollsten Altäre nicht in der Mitte, sondern an den Seiten, sie sind Meisterwerke spätgotischen Kunstschaffens. Berühmt ist hier auch der *Leo albus*, ein weißer Steinlöwe aus dem 13. Jh., wie man ihn sonst in der Slowakei kaum findet. Insider Tipp

ŽEHRA [128 B3]

In dem 22 km östlich von Levoča gelegenen Durchschnittsdorf sind in der *Hl.-Geist-Kirche,* einer kleinen Dorfkirche mit etwas überdimensioniertem Zwiebelturm, seltene und wunderschöne Fresken aus dem 13. bis 15. Jh. zu bewundern. Auch sie wurden inzwischen unter den Schutz der Unesco gestellt. Auf einem mehrsprachigen Hinweisschild ist angegeben, wo Sie den Pfarrer, der Ihnen gern aufsschließt, zu den üblichen Besuchszeiten finden können. Insider Tipp

> BERGE UND BURGEN, SEEN UND THERMALQUELLEN

Durch die Karpaten und das Waagtal

Die Touren sind auf dem hinteren Umschlag und im Reiseatlas grün markiert

1 DIE GROSSE TATRA-TOUR

Die Kleinteiligkeit der Tatra erlaubt es, sich von den höchsten Erhebungen des Karpatengebirges in wenigen Tagen einen Eindruck zu verschaffen. Diese östlichen Mini-Alpen sind in verschiedene Höhenzüge unterteilt, die Sie je nach eingeschobenen Wanderungen in 4 bis 6 Tagen kennenlernen können. Niedere und Hohe Tatra eröffnen auf kleinem Raum die Vielfalt der famosen slowakischen Bergwelt. Die Route ist mit allen Abstechern insgesamt ca. 800 km lang.

Von Bratislava aus erreichen Sie nach 350 km (Autobahn oder zumindest gut ausgebaute Fernstraßen) **Liptovský Mikuláš** *(S. 70)*, das städtische Zentrum des ganzen Tals. Am Hauptplatz steht das *Janko-Kráľ-Museum*. In diesem Gebäude wurde der Räuberhauptmann Jánošík zum Tod am Eisenhaken verurteilt. Eine getreu

Bild: Burg Trenčín

AUSFLÜGE & TOUREN

nachgebildete Folterkammer hilft Ihrer Phantasie auf die Sprünge und lässt Sie seine Qualen erahnen.

Kurz hinter der Stadt zweigen Sie bei Liptovský Peter Richtung Vysoké Tatry auf die 537 ab. In etwa 8 km erreichen Sie **Pribylina** mit seinem Museumsdorf, dessen historische Bauten vor der Flutung des Liptauer Stausees hierher verlegt wurden. Von Pribylina ist auch schon der sagenumwobene **Berg Kriváň** schön zu sehen, sofern er sich nicht stolz in Wolken hüllt. Ab Podbanské reihen sich entlang der „Straße der Freiheit" *(Cesta slobody)* die berühmtesten Orte der Hohen Tatra wie Perlen auf einer Schnur. **Štrbské Pleso** *(S. 66)* verfügt über einen dunkel glitzernden See, umstanden von einem herrlichen Gebirgspanorama: ein Seespaziergang sollte hier mindestens drin sein. **Starý Smokovec** *(S. 65)* ist sozusagen das hiesige Davos. Einige schön erhaltene

Sanatorien der Jahrhundertwende dokumentieren die Geschichte des traditionsreichen Luftkurorts. Die Standseilbahn zum **Hrebienok** ist die beliebteste Ausflugsmöglichkeit. Oben angekommen, können Sie zu einer Bergtour aufbrechen oder auf der Restaurantterrasse ein Sonnenbad nehmen. Weiter geht es entlang der Tatra-Magistrale, einem 70 km langen und auch zu Fuß zu erkundenden Weg nach **Tatranská Lomnica** *(S. 66)*. Hier bringt Sie die Seilbahn zur **Lomnitzer Spitze** (2632 m). Vom zweithöchsten Gipfel der Karpaten können Sie auf der Plattform der Wetterstation zum höchsten Berg, der **Gerlsdorfer Spitze** (2655 m), hinüberblicken.

Als wahrlich „hinterste" Gemeinde liegt das Dorf **Ždiar** schon in der Weißen Tatra und fast am Ende der Tatra-Magistrale. Hier hat das Bergvolk der Goralen für etwas Besonderes gesorgt: Holzhäuser in kräftigen Farben mit weißen Kreuzen und Strichen, die an Stickmuster erinnern.

Zur Niederen Tatra kommen Sie am schnellsten, indem Sie auf der 67 zurück- und dann bis Spišská Belá und Kežmarok weiterfahren, ab Poprad geht's wieder Richtung Liptovský Mikuláš, insgesamt 102 km. Am westlichen Ende der Stadt folgen Sie den Schildern zur **Demänovská dolina**. Das touristisch gut erschlossene Tal an der Nordseite der Niederen Tatra säumen Pensionen und Hüttensiedlungen. Im Hauptort **Jasná** (14 km) stehen einige große Hotels. Der **Chopok** (2023 m) ist der Hausberg; schön ist eine Kammwanderungen mit besten Aussichten auch zur Südseite der Niederen Tatra und zum **Ďumbier** (2045 m), dem höchsten Gipfel hier. Eine weitere Attraktion sind die **Demänova-Höhlen** *(S. 69)*; sie liegen auf halber Strecke nach Jasná.

Zurück am Talende lohnt es, in Richtung Westen die Landstraße 18 zu nehmen. Der Anblick der umliegenden Berge wird nicht durch Autobahnmarkierungen geschmälert, und

Dekorativ verziertes Haus im Goralendorf Ždiar

Sie können nach 7 km einen Abstecher nach **Svätý kríž** mit der gleichnamigen Artikularkirche kurz vor Lazisko unternehmen. Sie wurde vor der Flutung des Stausees hierher verlegt.

Zurück auf der 18 und kurz bevor Sie das Gebiet um den Stausee verlassen, können Sie im *Aquapark Tatralandia* heiße Thermalquellen genießen. Eine letzte Attraktion hält die Tatratour kurz vor Ružomberok bereit. Nehmen Sie 8 km hinter Bešeňová an der Ortseinfahrt die Straße E 77 Richtung Banská Bystrica. Nach 4 km geht es hinter Biely Potok in der Ortschaft Jazierce ab ins **Museumsdorf Vlkolínec** *(S. 71)*, direkt am hübschen Motel *Vlčí dvor* mit empfehlenswertem Restaurant *(Tel. 044/4321662 | €)*. Der Weg schlängelt sich am Bach und später steile Bergwiesen hinauf. Vor dem denkmalgeschützen Ort müssen Sie das Auto auf dem Parkplatz abstellen. Vlkolínec vermittelt auf beeindruckende Weise das abgeschieden-karge Leben der slowakischen Bergbauern noch um die Mitte des 20. Jhs. Zurück nach Ružomberok, und von hier wieder die gleiche Route wie zur Hinfahrt, diesmal Richtung Bratislava nehmen.

2 STÄDTE- UND BURGENTRIP DURCHS WAAGTAL

Diese Route durch das fruchtbare Waagtal ist für alle zu empfehlen, die den Kulturgenuss in den Vordergrund stellen wollen. Sie sollten 3–4 Tage einplanen und werden ca. 350 km zurücklegen.

Von Bratislava geht es auf der Autobahn D1 nach **Trnava** *(S. 60)*, dem „slowakischen Rom". Rund um den Dreifaltigkeitsplatz finden Sie alles, was sehenswert ist, vor allem die Universitätskirche und den Nikolaus-Dom mit seinen roten Spitzhauben. Bemerkenswert, weil ungewöhnlich gut erhalten: die Stadtbefestigung, deren Burggraben zum Spaziergang einlädt. Nach weiteren 40 km gen Norden erreichen Sie das einst berühmte Kurbad **Piešťany** *(S. 53)*. Auf einer Insel in der Waag stehen die meisten Kurhäuser mit Badeanstalten. Am schönsten ist das *Napoleonsbad.* Hier ist man auch auf ambulante Anwendungen eingestellt.

Nächste Station nach 42 km ist **Trenčín** *(S. 56)* mit seiner weithin sichtbaren Burg. Selbst wenn Sie sich die Burgbesichtigung aus Zeitgründen sparen, sollten Sie zumindest den Burgberg besteigen. Die Aussicht auf Altstadt, Waag und Weiße Karpaten ist sagenhaft! Auf der E 572 kommen Sie über Banovce nach **Prievidza**. An den westlichen Berghängen der Stadt ragt die romantische **Burg Bojnice** *(S. 74)* aus den Baumkronen auf. Nach einer Führung durch kostümierte Burgfräulein werden Sie verstehen, warum Bojnice die beliebste Burg der ganzen Slowakei ist.

Die letzte Etappe der Tour ist **Nitra** *(S. 49)*, an derselben Straße 80 km südlicher gelegen. Die Stadt liegt am Rand der weiten Donauebene; in ihrem Rücken beginnt das Tribeč-Gebirge. Aus dem Stadtgelände ragt der Burgberg empor, auf seiner Spitze als nationales Kleinod die St.-Emmeram-Kathedrale tragend. Die Fahrt zurück nach Bratislava (rund 90 km) geht durch die sonnenverwöhnte Donauebene. Bevor Sie die Autobahn erreichen, passieren Sie Alleen aus Obst- und Walnussbäumen.

EIN TAG IN BRATISLAVA

Action pur und einmalige Erlebnisse.
Gehen Sie auf Tour mit unserem Szene-Scout

POWER AM MORGEN

9:00

Modernes Frühstück! Die Besonderheit im *Coffee House* ist der Kaffee: Traditionelle Aromen vereinen sich mit innovativen Geschmacksvarianten, die super zu den Frühstücksspezialitäten der mediterranen Küche passen. **WO?** *Coffee House im Aupark, Einsteinova 18 | www.aupark.sk*

COOLE ACTION

10:00

Rauf auf die Kufen: Eislaufen zu jeder Jahreszeit. Hit in der brandneuen Shoppingmall *Avion* ist eine ganzjährig geöffnete Kunsteislaufbahn. Fun und Action pur! **WO?** *Avion, Ivanská cesta | Kosten: 2 Std. 1 Euro | Schlittschuhe leihen: 2 Std. 3 Euro | Kostenloser Shuttle-Bus aus der Innenstadt oder Buslinien 61, 67 | www.avion.sk*

LUNCH IN STYLE

12:00

Dort, wo einst ungarischer Hochadel speiste, dominiert heute avantgardistisch klares Design. Lässige Lichteffekte und stylishes Mobiliar machen das *Camouflage* aus. Doch nicht nur das Interieur ist raffiniert. Die Speisekarte besticht durch Fernöstliches. Angeführt von Sushi und Sashimi liegen exotische Thaigerichte im Trend. **WO?** *Camouflage Café & Bar, Ventúrska 1, Erdödy Palast | www.camouflage.sk*

IN DEN SEILEN

13:00

Frisch gestärkt heißt es jetzt ab ins *Lanové Centrum Koliba*. Der Spaß findet in der Nähe des ehemaligen slowakischen Filmstudios in schöner Natur statt. Das 423 m lange Seilzentrum bietet mehr als 24 Hindernisse auf fünf längeren Routen. Vom Zentrum mit Trolleybus 203 zur Endhaltestelle, dann 15 Min. zu Fuß. **WO?** *Lanové Centrum Koliba | Juli/Aug. Di–So 15–19, Mai/Juni, Sept./Nov. Sa/So 11–18 Uhr | Kosten: 1,5 Std. 10 Euro | www.lanoland.sk*

24 h

OPTISCHE TÄUSCHUNG

15:00

Noch höher und weit hinunter – zumindest für die Sinne – geht es bei der *Passage* in der *Pálffy Palast Galerie*. Aus 15 000 Büchern, Spiegeln und Licht installierte Künstler Matej Kren ein Werk, das er als symbolischen „shortcut across the world" beschreibt. Mut fassen und den vermeintlich schmalen Steg der Passage betreten! **WO?** *Galerie im Pálffy Palast, Panská ulica, 19–21 | Di–So 11–18 Uhr | Kosten: 3,50 Euro | www.matejkren.cz*

16:00

ERHOLUNG PUR

Wellness auf dem Plan. Das Relaxpaket aus Badespaß im Indoor-Pool, Massagen und Chillen in der Lounge im Spa des Hotels *Crowne Plaza* verwöhnt rundum und gibt neue Energie. **WO?** *Hotel Crowne Plaza, Hodžovo námestie 2 | Kosten: ca. 35 Euro | www.crowneplaza.com*

DINNER ÜBER DER DONAU

20:00

Abgehoben! 85 m über der Donau wird im exklusiven Ambiente des kreisrunden *Ufo* mitten auf der Neuen Brücke (Nový Most) Ausgefallenes serviert. Küchenchef Peter Kiss bringt z.B. Lachs mit Vanille zusammen oder Gänseleberpastete mit Trüffeln. **WO?** *Ufo, Nový Most | Kosten: Aufzug ins Restaurant oder Aussichtsplateau ca. 3 Euro | www.u-f-o.sk*

22:00

TANZFIEBER

In Bratislava feiern Partypeople bis lange nach Mitternacht! In der *Casa del Havana* zuerst einen der legendären Cocktails an der Bar bestellen und sich dann von den Salsarhythmen anstecken lassen. Das Motto: tanzen, bis die Sonne aufgeht! **WO?** *Casa del Havana, Pod Michalskou bránou | www.havanacafe.sk*

> AKTIV SEIN IN URWÜCHSIGER NATUR

Fahrrad fahren, Wandern, Wassersport – in der Slowakei können Sie sich mit einer ganzen Reihe von Aktivsportarten fit halten

> Urlaub in der Slowakei, das ist fast gleichbedeutend mit sportlicher Aktivität. Wandern und Skifahren sind die gängigsten Sportarten. Ein Routenführer verzeichnet über 1200 markierte Wanderwege im Land. Das bedeutet kilometerlanges Wandern bis in die höchsten Regionen der Zweitausender-Gipfel. Über Skilifte verfügen sogar in der Ebene liegende Städte wie die Hauptstadt selbst.

Ansonsten müssen die Slowaken nicht lange zu neuen, auch extremen Sportarten überredet werden. Für Fahrrad- und Mountainbikerouten werden zunehmend eigene Karten herausgegeben. Kanu, Kajak und Rafting können Sie betreiben, und selbst das Golfen ist im Kommen.

ANGELN

Ein beliebter Volkssport, dem Sie an den zahlreichen Flüssen, Bächen und Seen nachgehen können, wenn Sie sich in der zuständigen Gemeinde

Bild: Sonnenterrasse der Seilbahn Skalnate Pleso, Tatranská Lomnica

SPORT & AKTIVITÄTEN

(oft über das Infobüro) einen Berechtigungsschein geholt haben.

FAHRRAD FAHREN

Jede Tourismuszentrale, die auf sich hält, gibt Spezialkarten für die *cykloturistika* heraus. Besonders interessante Gelände: am Fuß der Hohen Tatra mit Extrembiken bis ins Hochgebirge hinauf (Broschüre mit Routen verkauft das Infobüro Liptovský Mikuláš) sowie in Terchová und im Mittelgebirge. Gemächlicher geht es rund um Nitra und an der Donau dahin. Vom Verlag VKÚ gibt es für alle Regionen Radkarten *(cykloturistická mapa)* mit detaillierten Wegbeschreibungen (auch auf Deutsch). Infos zu Radlmöglichkeiten im Internet unter *www.cyklotrasy.sk* (Bratsilava, Donaugebiet und Westslowakei) und *www.CyclingSlovakia.com* (allgemeine Radwege in der Slowakei).

Insider Tipp

Das Paradies für Wanderer: in der Hohen Tatra

GOLF

Dieser Sport boomt, an vier touristisch attraktiven Punkten gibt es 9-Loch-Plätze mit Driving range, die öffentlich zugänglich sind: in *Bernolákovo* in einem barocken Kastell bei Bratislava *(Kaštieľska 4 | Tel./Fax 02/45 99 42 21 | www.golf.sk)*, in *Piešťany* auf der Badeinsel *(www.spagolf.sk)*, in *Veľká Lomnica* am Fuß der Hohen Tatra *(Tel. 052/788 17 81 | www.golfinter.sk)* und im Stadtteil *Alpinka* bei Košice *(Čermeľská dolina | Kontakt über Herrn Sopko | Tel. 0903/90 16 63)*. An den Südhängen der Niederen Tatra bei Brezno in Tále eröffnete der erste 18-Loch-Platz: *Sivy Medveď | www.golftale.sk*. Infos des slowakischen Golfverbands: *www.skga.sk*.

HÖHLENWANDERN

Auf Englisch *spelunking* genannt. Die Höhlenführer des Slowakischen Paradieses und Karsts sowie der Liptauer Region bieten kurze Touren durch Höhlen an, die normalerweise der Öffentlichkeit nicht zugänglich sind. Ein Untergrundabenteuer für trainierte Bodys, die Herausforderungen suchen *(Speological Guide Service | Rožňava | Tel. 058/734 34 26 | www.svssk.sk)*. In den slowakischen Mittelgebirgen bei Banská Bystrica geht es auf ähnliche Weise durch die Fledermaushöhlen: *Dead Bats Cave | Tel. 048/617 54 28 | jaskyna@aja.sk*

Insider Tipp

KANU & RAFTING

Die an Flüssen reiche Slowakei bietet für alle Bootstypen gute Reviere: von den träge fließenden großen Flüssen bis zu den im Frühjahr gefährlich sprudelnden Bergbächen der

Tatra. Kontrollierte Wildwasserkraft können Sie in den künstlichen Anlagen in *Čunovo* bei Bratislava und in der Nähe von *Liptovský Mikuláš* erproben *(Auskunft über die jeweiligen Infobüros)*. In der Nähe von Žilina, beim Waag-Durchbruch, bietet ein Rafting-Verein seine Dienste an *(Tel. 041/569 76 73 | www.strecno.sk)*.

KLETTERN

Da alle Tatra-Regionen Nationalparkgebiet sind, wenden Sie sich bitte an die Vereinigung der Bergführer, die spezielle Touren anbietet: *Kanceléria horských vodcov | Starý Smokovec | Tel. 052/442 28 55 | Handy 0905/42 81 70 | www.tatry.sk*
Notruf Bergrettung: Tel. 183 00

PARAGLIDING

Fans dieser Sportart schätzen die mittleren Berghöhen der Slowakei. Deshalb entstand ein Zentrum für Gleitflieger am Fuß der Hohen Tatra in den ansteigenden Höhen rund um Liptovský Mikuláš *(M-fly | Peter Mensár | Tel. 0905/35 77 43 | www.m-fly.sk und www.paragliding.sk)*. Einen bequemeren Aufstieg (Sessellift) für späteres Fliegen bietet *Donovaly* bei Banská Bystrica *(Pegas paragliding | Camping Kamzík | Handy 0903/44 14 16 | pegasmiro@yahoo.com)*.

REITEN

Zunehmender Beliebtheit erfreuen sich Reiterferien auf der „Ranch". Immer mehr Pensionen halten Pferde für Ausritte bereit, fast immer Höfe der Agrotouristik *(S. 114)*. Im Gestüt *Motešice* (bei Trenčín) können Sie große Pferdeherden nicht nur auf weiten Koppeln bewundern, sondern gegen geringes Entgelt auch Tiere zum Ausreiten in die umliegenden Hügel mieten. *Tel. 032/659 47 14*

SKI FAHREN

Die attraktivsten Skigebiete sind die Hohe Tatra *(Smokovec, Štrbské Pleso)* und die Niedere Tatra (*Jasná* und *Donovaly* am Übergang zur Großen Fatra) sowie die West-Tatra *(Zuberec)*. Ein beliebtes Skigebiet ist auch das *Vrátna-Tal* der Kleinen Fatra. Da, wo ausgediente Lifte erneuert wurden, können Sie mit modernster Technik rechnen. Bei Bedarf werden Pisten mit Schneekanonen präpariert. Aktuelles über Pisten- und Schneeverhältnisse: *www.ski.sk*.

Langlaufskier heißen *bežky*, und dafür gibt es in den Skizentren auch Loipen. Besonders schön sind Touren in der West-Tatra, da hier weniger Skirummel herrscht als in den anderen Tatras.

TENNIS

Wenn Sie passionierter Tennisspieler sind, müssen Sie auch in der Slowakei nicht auf Ihr Hobby verzichten. In vielen Hotels und allen Touristenzentren können Sie sich zu einem Ballwechsel auf den Court begeben.

WANDERN

Die Slowakei ist ein wahres Wanderparadies. Sie können hier in allen Höhenlagen wandern und werden sicher auf Ihre Kosten kommen. Sie werden kaum einen Fleck finden, wo Sie nicht zumindest für einen ausgedehnten Rundweg aufbrechen können. Jedes Tourismusbüro hält detaillierte Wanderkarten bereit, oder Sie gehen vor Ort in eine Buchhandlung.

> BURGHERR, BAUER, BERGMANN

Die slowakische Landschaft bietet Kindern ein unverfälschtes Naturerlebnis. Spielend lernen sie, was es einmal bedeutete, auf einem Hof oder unter Tage zu arbeiten oder Burgherr zu sein

> Kinder gehören in der Slowakei einfach dazu, man widmet ihnen unaufdringliche aber herzliche Aufmerksamkeit. Platz zum Spielen und Herumtollen ist in der herrlichen Natur des Landes nahezu unbegrenzt vorhanden. An heißen Sommertagen stehen im ganzen Land Frei- oder Thermalbäder zur Erfrischung bereit.

Spezielle Programme für Urlauberkinder haben die Tourismusvereine zwar selten parat, doch stehen sie gern mit Rat zur Seite, wenn es darum geht, z.B. einfache Wanderungen herauszusuchen. Außer Zoos gibt es einige Freilichtmuseen, die Tiere zum Streicheln halten. Manchen Burgen und Schlössern sind Falknereien angeschlossen, die die Greifvögel nicht nur in Aktion zeigen, sondern mit kostümierten Rittern und Raufbolden auch für Stimmung sorgen. Hotels sind in der Regel immer bereit, ein Beistellbett *(prístelka)* zur Verfügung zu stellen, meist gegen ei-

Bild: Bronzeplastik „Der Kanalarbeiter" in Bratislava

MIT KINDERN UNTERWEGS

nen geringen Aufpreis. Kinder bis zu drei Jahren sind kostenfrei. In Restaurants gibt's zwar nicht immer ausgewiesene Kindermahlzeiten, meist wird man Ihnen jedoch mit kleineren Portionen gern entgegenkommen.

BRATISLAVA/ KLEINE KARPATEN

Insider Tipp **BIBIANA** [124 A4–5]

Unweit des Martins-Doms in Bratislava steht das Haus Bibiana, eine internationale Begegnungsstätte für Kinder. Hier werden in- und ausländische Kinderbücher gesammelt und ausgestellt; die Organisation vergibt alle zwei Jahre die bei Illustratoren begehrten BIB-Äpfel für künstlerisch anspruchsvolle Kinderbücher. Im Spielzimmer können Besucherkinder die Inspirationen beim Malen und Basteln gleich in die Tat umsetzen. *Bibiana | Panská 41 | Di–So 10–18 Uhr | www.bibiana.sk*

DONAUFAHRT VON BRATISLAVA NACH DEVÍN [124 B–C5–6]

Die Schifffahrt auf einem breiten Strom begeistert die meisten Kinder. Die Fahrt nach Devín bietet dort zwei Std. Aufenthalt, die man zum Erklimmen der Burgruine oder zum Ponyreiten nutzen kann. *Abfahrten: Mitte April–Mitte Mai Di–So 10.15, Mitte Mai–Aug. 10 und 14.30, Sept. 10 und 15 Uhr | Tickets 4 Euro, hin und zurück 6 Euro, Kinder 3,50 bzw. 4 Euro | 1 Tag vorher reservieren: Slovenská plavba | Fajnorovo nábr. 2 | Tel. 02/ 52 93 22 24 | www.lod.sk*

DONAUEBENE/WAAGTAL

LANDWIRTSCHAFTSMUSEUM NITRA [125 D4]

In Schaukästen lernen Kinder viel über die vorzeitliche Ernährung, sie können auf dem Gelände zwischen den Häuschen herumspringen und alte Fertigkeiten wie Mehlmahlen, Ölpressen, Brotbacken oder Bienenzüchten in Augenschein nehmen. Für Technikfans sind alte Traktoren und kleine Flugzeuge aufgestellt. *Slovenské poľnohospodárske múzeum | Dlhá ul. 92 | März–Okt. Di–So 9–17 Uhr | Eintritt 1, Kinder 0,50 Euro*

FATRA UND TATRA

BOJNICE ★ [126 B4]

Außer einem märchenhaften Schloss Insider Tipp mit Höhle erwartet Kinder auch eine Falknerei: Geier, Falken, Eulen fliegen über ihre Köpfe hinweg, um sich einen Happen Fleisch abzuholen. Auf der Bühne wird mittelalterlich gerauft. Besondere Attraktion im Schloss: die Abendführung *(nur Juli, Aug. Fr/Sa 21 Uhr | Eintritt 7,50 bzw. 5,50 Euro)* bei Kerzenlicht mit spukenden Geistern und grausamen Unholden *(Múzeum Bojnice | Di–So 9 bis 17, Okt.–April 10–15 Uhr, Juni bis Sept. auch Mo geöffnet | Eintritt 6, Kinder 3 Euro)*. In Schlossnähe gibt es auch ein Thermalfreibad *(Freibad Čajka | ul. Rybníčky 6)* und den ältesten slowakischen Zoo *(April–Sept. tgl. 8–18, März und Okt. 8–17, Nov.–Jan. 8–15, Feb. 8–16 Uhr Eintritt 3 | Kinder 1,50 Euro)*.

ÖKO-FREILICHTMUSEUM [126 B2]

Im privaten Freilichtmuseum setzt man auf Eigeninitiative. Altes Handwerkszeug oder landwirtschaftliche Maschinen können den Besuchern nur aufgrund von Schenkungen nahegebracht werden (auch Workshops für Kinder). Attraktiv sind die vielen Tiere, die sich zwischen den Gerätschaften und Modellen slowakischer Sehenswürdigkeiten tummeln. Eine kleine heile Welt, in der jeder freiwillig nach seinen Möglichkeiten Eintritt zahlt. *Lietavská Svinná, südl. von Žilina einem Abzweig von der Landstraße 64 Richtung Prievidza folgen | www.ekoskanzen.com | Mai–Sept. tgl. 10–18, Okt.–März Sa/So 10–16 Uhr*

ERZGEBIRGE

BERGBAUMUSEUM BANSKÁ ŠTIAVNICA [126 B–C5]

Sich wie ein Bergmann fühlen und durch Schächte stapfen – das Bergbaumuseum bietet neben Förderturm und Schmiedewerkstatt auch dies. In 33 bzw. 45 m Tiefe durchläuft man den Bartholomäus- und den Johannes-Schacht. *Banské múzeum v prírode | Banská Štiavnica | ul. J. K. Hella 12 | April Di–So 8–16, Mai–Okt. tgl. 9–17 Uhr | Eintritt 5, Kinder 2,50 Euro*

DAMPFEISENBAHN UND SLOWAKISCHER URWALD [127 D4]

Zwischen Chvatimech und Čierny Balog unweit von Brezno verkehrt eine historische Dampfeisenbahn auf Schmalspurgleisen *(von Chvatimech Mai–Mitte Sept. tgl., sofern sich die erforderliche Anzahl an Fahrgästen einfindet, um 10, 12, 15.30 Uhr)*. Jede Saison wird feierlich eröffnet. Am Flüsschen Čierny Hron entlang geht die Fahrt durch hügeliges, bewaldetes Gelände. Am östlichen Ortsende von Čierny Balog führt von Dobroč ein Wanderweg mit Lehrpfad zum Dobroč-Urwald *(Dobročský prales)*. Ein Zertifikat des Europarats bescheinigt die Einzigartigkeit dieses Mischwalds, der hier ohne menschliches Zutun Weise entstanden ist. Die ältesten Bäume (ca. 450–500 Jahre alt) ragen wie Naturkathedralen in dem lichten Wald gen Himmel. *Auskunft Eisenbahn: Tel. 048/619 15 00 | www.chz.sk | einfache Fahrt (rund 50 Min.) 9, Kinder 4,50 Euro*

ZIPS/OSTSLOWAKEI

DOMICA-HÖHLE [128 A5]

Südwestlich von Košice liegt das Höhlensystem Domica mit gut 5 km Länge auf slowakischer Seite (ca. 1,3 km zugänglich). Neben beeindruckenden Sinterausformugen werden Kinder besonders die hier lebenden Fledermäuse interessieren. Eine Attraktion, die es sonst in keiner anderen slowakischen Höhle gibt, ist eine Bootsfahrt über den unterirdischen Fluss Styx – die griechische Mythologie lässt grüßen. Die Domica-Höhle ist eine von vier slowakischen Höhlen, die zum Unesco-Welterbe zählen. *Jaskyňa Domica | 11 km südöstl. von Plešivec an der ungarischen Grenze | Juni–Aug. Di–So 9–16, sonst 9.30 bis 14 Uhr, Jan. geschl. | Eintritt mit Bootsfahrt 7, Kinder 3,50 Euro*

ZIPSER BURG [128 B3]

Sie ist nicht nur ein Traumziel für Erwachsene, auch Kinder spüren die Faszination dieser wie auf einem Riff thronenden Burg, deren Zugang sie sich erwandern müssen. Dahinter können Sie dann im Ort Hodkovce auf einem 1,4 km langen Lehrpfad zum Dreveník aufbrechen, einem bizarr geformten Travertinfelsen. *April tgl. 9–16, Mai–Nov. 9–18 Uhr | Eintritt 5, Kinder 3 Euro*

Selbst gepflückte Erdbeeren schmecken besonders lecker

> VON ANREISE BIS ZOLL

Urlaub von Anfang bis Ende: die wichtigsten Adressen und Informationen für Ihre Slowakei-Reise

ANREISE

AUTO

In der Slowakei benötigen Sie für die Nutzung der Autobahnen und Schnellstraßen eine Vignette, die es für eine Woche (7 Euro), einen Monat (14 Euro) oder ein Jahr (50 Euro) an den Grenzen und an Tankstellen zu kaufen gibt. Jeder Autofahrer aus dem Ausland soll beim Kauf einer Autobahnvignette einen (englischsprachigen) Autobahnplan der slowakischen Autobahnen erhalten. Die gängigste Anreise aus dem Westen ist über Wien, ein großer Grenzübergang befindet sich in Kittsee/Jarovce. Von Nordwesten können Sie über die Autobahn via Brünn/Tschechien anreisen.

BAHN

Mit der Bahn verläuft die Anreise ähnlich wie mit dem Pkw. In Wien müssen Sie meist den Bahnhof wechseln (Züge nach Bratislava gehen in der Regel vom Südbahnhof ab) oder zum Busbahnhof Wien-Mitte fahren: Von hier verkehren mehrmals täglich Busse. Über Prag und Brünn gibt es mehrere Bahnverbindungen in die Slowakei.

FLUGZEUG

Üblich ist die Anreise über den Wiener Flughafen Schwechat, der schon auf halber Strecke nach Bratislava liegt. Austrian Airlines fliegen seit neuestem Wien auch nach Košice –

PRAKTISCHE HINWEISE

bei Frühbuchungen auch zu angenehmen Preisen. Mit Billigairlines kann man aus Deutschland vor allem nach Wien fliegen. Vom Wiener Flughafen fahren Busse nach Bratislava, die die 80 km lange Strecke Wien–Bratislava stündlich bedienen *(www.austrianairlines.com)*. Billigere Städteverbindungen gibt es von Stuttgart und Zürich nach Bratislava *(www.slovakairports.net | www.slovakairlines.sk)*.

AUSKUNFT

SACR – STAATLICHE SLOWAKISCHE TOURISMUS-AGENTUR

www.slovakia.travel.sk

– Zimmerstr. 27 | 10969 Berlin | Tel. 030/25 94 26 40 | Fax 25 94 26 41

– Prinz-Eugen-Str. 70 | 1060 Wien | Tel. 01/513 95 69 | Fax 513 97 63

Die Auslandsvertretungen bieten inzwischen vielfältiges Prospektmaterial und stehen telefonisch oder per Mail für Auskünfte bereit; über das Internetportal erhält man eine breitgefächerte Fülle an Infos. Ein auf Slowakei-Reisen spezialisierter Veranstalter auch mit Individualangeboten ist: *Satur (Karl-Marx-Allee 135 | 10243 Berlin | Tel. 030/429 41 13 | Fax 427 47 56 | www.satur-reisen.de)*.

AUTO

Die Straßenverhältnisse sind gut bis sehr gut. An Tankstellen herrscht kein Mangel, die meisten haben nonstop geöffnet und akzeptieren in der Regel alle gängigen Kreditkarten. Es gibt im ganzen Land bleifreies Benzin (*Natural* und *Super plus*). Geschwindigkeitslimits: Stadtgebiet 60 km/h, Landstraßen 90 km/h, Autobahnen 130 km/h. Die Polizei ist wachsam und ahndet Übertritte mit saftigen Geldbußen. Am Steuer gilt: 0,0 Promille! Achtung, sobald Sie sich ans Steuer setzen: Licht einschalten! Dies gilt nun überall und ganzjährig. Infos für Autofahrer: *www.satc.sk*

> WAS KOSTET WIE VIEL?

> **KAFFEE**	**1–1,50 EURO** für einen Kaffee oder Cappuccino
> **MUSEUM**	**1,50–3 EURO** Eintritt für eine Person
> **WEIN**	**1,20–1,50 EURO** für ein Glas Wein
> **THERMALBAD**	**5–9 EURO** Eintritt für eine Person
> **BENZIN**	**1,45–1,70 EURO** für einen Liter Super
> **BUS**	**0,70 EURO** für ein einstündiges Ticket in Bratislava

BAHN

Das Netz der Slowakischen Staatsbahn ŽSR *(www.slovakrail.sk)* ist dicht geknüpft und beinhaltet fast alle Touristenziele. Das Kursbuch erhalten Sie an Bahnhöfen und in einigen Buchhandlungen.

BANKEN

Banken verfügen nahezu überall, auch in kleinen Orten, über internationale Bankomaten. Die Benutzung von gängigen Kreditkarten wie MasterCard und Visa setzt sich zunehmend durch, nicht nur in großen Hotels und guten Restaurants, auch in vielen Geschäften und Supermärkten.

BESICHTIGUNGEN & ÖFFNUNGSZEITEN

Fast alle Museen, staatliche Galerien und Höhlen unterscheiden bei den Öffnungszeiten zwischen Winter- und Sommersaison. In der Regel beginnt die Sommersaison April/Mai und endet September/Oktober. Auch wenn manchmal keine Mittagspause angegeben ist, kann es vorkommen, dass ein Museum um die Mittagszeit für kurze Zeit geschlossen hat. Die Eintrittspreise sind etwa um die Hälfte günstiger als bei uns. Fürs Fotografieren wird häufig ein Extra-Entgelt erhoben. Oft können Burgen und Schlösser nur mit Führung besichtigt werden – hierzu gibt es meist deutsche Handzettel. Bei Kirchen steht man häufig vor verschlossener Tür. Fragen Sie in den Infobüros nach – nur mit interessierter Nachfrage könnte sich da etwas ändern.

Die meisten Geschäfte haben Mo bis Fr 9–18 und Sa 9–13 Uhr geöffnet, Lebensmittelläden öffnen oft schon um 7 oder 8 Uhr und haben in großen Städten auch bis 19 oder 20 Uhr auf. In großen und mittlerweile auch in kleineren Städten gibt es Supermarktketten wie *TESCO* und *Kaufland,* die Mo–So 6–22 Uhr oder sogar nonstop sieben Tage die Woche geöffnet haben *(Hypermarket).* Der deutsche Discounter *LIDL* hat in der Slowakei meistens 6 Tage pro Woche 7–20 Uhr und So 9–18 Uhr auf.

BUS

Mit dem Bus kommen Sie fast in jeden Winkel der Slowakei, das Netz der Verkehrsbetriebe SAD ist ungewöhnlich dicht. Unter *www.sad.sk* können Sie auf Englisch nicht nur Strecken und Fahrzeiten ermitteln, sondern auch online Tickets kaufen.

> FERIEN BEIM BAUERN

„Agroturistika" – ein neuer Tourismuszweig

Der Branchenzweig ist noch realtiv neu, doch es werden immer mehr Höfe, die Ferien auf dem Bauernhof anbieten. Die Attraktionen liegen auf der Hand: Reitpferde, Streicheltiere, frische Landprodukte, Anschauungsunterricht in Sachen Landwirtschaft und eine herrliche Natur gleich vor der Haustür. Führender Anbieter, der in seinem Katalog allerdings auch Objekte zur Auswahl hat, die nicht immer das bieten, was man von einem echten Bauernhof eigentlich erwartet, ist *Slovenský zväz vidieckej turistiky a agroturistiky (SZVTA) | Priemyselná 6 | 821 09 Bratislava | Handy 0905/ 611162 | www.agroturist.sk.*

Busverbindungen von deutschen Städte aus stehen unter *www.deutsche-touring.de* oder *www.eurolines.sk*.

CAMPING

In allen Touristenregionen gibt es Campingplätze, in vielen werden zusätzlich kleine Häuschen *(chaty)* vermietet. Wildes Campen ist verboten und wird in Naturschutzgebieten und Nationalparks streng bestraft. Es gibt eine Karte mit allen Campingplätzen *(autokemping)*, herausgegeben vom Tourismusverband SACR und über dessen deutschsprachige Zweigstellen zu beziehen (siehe „Auskunft"). *www.eurocamping.net/de*

DIPLOMATISCHE VERTRETUNGEN

BOTSCHAFT DER BUNDESREPUBLIK DEUTSCHLAND

Hviezdoslavovo nám. 10 | 81303 Bratislava | Tel. 02/59 20 44 00 | Fax 54 41 96 34 | www.pressburg.diplo.de | Non-Stop-Dienst für den Notfall: Handy 0903/44 46 33

BOTSCHAFT DER REPUBLIK ÖSTERREICH

Ventúrska 10 | 81101 Bratislava | Tel. 02/59 30 15 00 | Fax 54 43 24 86 | www.embassyaustria.sk

BOTSCHAFT DER SCHWEIZ

Tolstého ul. 9 | 81106 Bratislava | Tel. 02/59 30 11 11 | Fax 59 30 11 00 | www.eda.admin.ch/bratislava

Seit 2010 werden die konsularischen Dienste (Passverlust, Visa etc.) für Schweizer in der Slowakei von der Botschaft der Schweiz in Wien gewährleistet *(Prinz-Eugen-Str. 7 | 1030 Wien | Tel. 0043 1/795 05 | Fax 1/795 05 21 | www.eda.admin.ch/wien)*.

EINREISE

Seit Ende 2007 ist die Slowakei Mitglied im Schengen-Raum, sodass es keine Passkontrollen mehr gibt.

GESUNDHEIT

Wer viel im Wald unterwegs ist, sollte eine Zeckenimpfung in Erwägung ziehen. Mit der Europäischen Gesundheitskarte müsste im Notfall eine unentgeltliche medizinische Versorgung gewährleistet sein. Z. Zt. werden von den Krankenkassen z.T. noch Ersatzbescheinigungen ausgestellt, die aber nicht immer anerkannt werden. Angeraten ist daher eine private Auslandskrankenversicherung.

INTERNET

Allgemein: www.slowakia.travel, www.slowakei-net.de, www.supernavigator.sk, www.infoslovak.sk (Informationsbüros) und *www.satc.sk; Unterkunft: www.ubytujsa.sk, www.novasol.de* (Ferienhäuser), *www.holiday.sk, www.ubytovanie.skrz.sk, www.chatynaslovensku.sk* (Hütten/ Ferienhäuser); *touristische Regionen: www.tatry.sk, www.tanap.sk* (Nationalpark Hohe Tatra), *www.nizketatry.com* (Niedere Tatra), *www.liptov.sk, www.slovens kyraj.sk* (Slowakisches Paradies), *www.tik.sk* (Kleine Karpaten), *www.vratna.com* (Kleine Fatra)

INTERNETCAFÉS & WLAN

In allen Städten, aber auch in vielen touristischen Gemeinden gibt es in der Innenstadt oder um den Bahnhof herum Möglichkeiten, das Internet gegen Entgelt zu nutzen, manchmal auch bei den Touristen-Infos selbst (1 Std. ca. 2–4 Euro). *http://www.hotspot-location.de* bietet eine Liste von Hotspots/WLAN-Zugängen in der Slowakei. Auch in abgelegenen Dörfern finden Sie in neu errichten Pensionen und Cafés häufig drahtlosen, kostenlosen WiFi-Zugang, von höherpreisigen Etablissments an Touristenorten ganz zu schweigen.

INTERNET CAFÉ KLAR-I-NET [124 A5]
In der Nähe von Michalská brána in Bratislava, Englisch sprechendes Personal. *Klariská 4 | Handy 0903/367506*

CAFE INTERNET [127 D2–3]
Internetcafé in Liptovský Mikuláš, dem Zentrum der Tatra. *1. Maja 34 | Tel. 044/3240073 | www.imafex.sk*

JUGENDHERBERGEN

Sie heißen *turistická ubytovňa* und bieten günstige Übernachtungsmöglichkeiten in Mehrbettzimmern (ca. 6–12 Euro/Pers.). Im Sommer stellen auch Studentenwohnheime *(študentský domov)* ihre Zimmer jugendlichen Reisenden zur Verfügung.

KLIMA & REISEZEIT

Die Slowakei liegt in der gemäßigten Klimazone, wobei im Norden kontinentales Klima (trocken, mit größeren Temperaturschwankungen) vorwiegt. Im südlichsten Landesstreifen ist der Einfluss ozeanisch feuchten Klimas zu spüren mit den wärmsten Durchschnittstemperaturen. Hauptreisezeit: Mai bis September. Im Juli/August kann es für Stadtbesichtigungen recht heiß werden. Wenn Sie wegen der schönen Altstädte und Sehenswürdigkeiten kommen, werden Sie Juni und September schätzen. Da sind auch weniger Einheimische zu Burgen und Schlössern unterwegs.

NOTRUF

Notruf 112, Ärztlicher Notruf 155, Polizei 158, Feuerwehr 150, Nonstop Pannenhilfe und Straßenrettung 16116, Bergrettung 18300

WETTER IN BRATISLAVA

	Jan.	Feb.	März	April	Mai	Juni	Juli	Aug.	Sept.	Okt.	Nov.	Dez.
Tagestemperaturen in °C	1	3	9	16	21	24	26	26	22	15	8	3
Nachttemperaturen in °C	−5	−3	0	5	9	13	15	14	10	6	2	−2
Sonnenschein Std./Tag	2	4	5	7	8	9	10	9	7	5	2	2
Niederschlag Tage/Monat	8	8	7	8	9	8	9	8	6	8	9	9

POST
Briefmarken gibt es nur bei der Post. Öffnungzeiten: Mo–Fr 8–17, Sa 8 bis 12 Uhr. In kleineren Orten kann früher Schluss und mittags geschlossen sein. Eine Postkarte innerhalb Europas kostet 90 Cent.

PREISE & WÄHRUNG
Seit 1. Januar 2009 ist der Euro die Währung der Slowakei. Die Slowakei ist im Hinblick auf Gastronomiepreise (etwa ein Drittel bis die Hälfte des deutschen Niveaus) und Freizeitaktivitäten wie Besichtigungen, Baden und Sport (etwa die Hälfte und weniger) ein relativ günstiges Reiseland. Bei Hotels und Pensionen sind die Preise nur um etwa 20 Prozent niedriger als bei uns.

STROM
220 Volt Wechselstrom, europäische Standardsteckdosen.

TAXI
Taxifahren ist relativ günstig, doch leider gibt es auch unehrliche Fahrer. Am besten vorher fragen, was die Fahrt kosten wird. Es ist immer besser, ein Taxi telefonisch (z.B. über die Rezeption) zu bestellen, als auf der Straße einzusteigen. Fragen Sie an der Rezeption auch, ob es sich um ein zuverlässiges Unternehmen handelt, das man für Sie herbeiruft.

TELEFON & HANDY
Öffentliche Telefonzellen funktionieren fast nur noch mit Karten, die es an Kiosken und in Postämtern gibt. Vorwahl in die Slowakei 00421, nach Deutschland 0049, nach Österreich 0043, in die Schweiz 0041. Der Spaß der Einheimischen am Handy sorgt dafür, dass Sie in der Slowakei in kein Sendeloch fallen – außer vielleicht in sehr abgelegenen Gegenden.

TRINKGELD
Es ist üblich, Trinkgeld zu geben. Dabei sollten Beträge im Pub oder Restaurant sinnvoll aufgerundet werden, ohne gleich ein in Euro angemessenes Trinkgeld zu zahlen.

ÜBERNACHTUNG
Die Situation der Hotellerie hat sich mittlerweile zum Besseren gewendet. Viele neue, auch familiär geführte Betriebe (Pensionen) sind hinzugekommen. Leider haben auch die Preise fast Westniveau erreicht, ohne dass in jedem Fall Weststandard geboten wird. Die Unsitte, von westlichen Besuchern höhere Zimmerpreise zu verlangen, verbieten die EU-Richtlinien, zumindest in der Theorie. Günstig sind noch Privatunterkünfte (8–12 Euro pro Person, Auskunft bei den offiziellen Infobüros).

ZEIT
Es gilt die MEZ, die von März bis Oktober ebenfalls auf Sommerzeit umgestellt wird.

ZOLL
Waren für den persönlichen Verbrauch können innerhalb der EU zollfrei aus- und eingeführt werden. Als persönlicher Bedarf gelten maximal 800 Zigaretten, 10 l Spirituosen oder 20 l Sherry, 90 l Wein und 110 l Bier. Nicht meldepflichtig ist eine Geldsumme bis 10 000 Euro. Für Schweizer gelten die Regelungen für Nicht-EU-Bürger.

> HOVORÍŠ PO SLOVENSKY?

„Sprichst du Slowakisch?" Dieser Sprachführer hilft Ihnen, die wichtigsten Wörter und Sätze auf Slowakisch zu sagen

Aussprache

Zur Erleichterung der Aussprache sind alle slowakischen Wörter mit einer einfachen Aussprache (in eckigen Klammern) versehen.

AUF EINEN BLICK

Ja./Nein.	Áno. [aano]/Nie. [nje]
Vielleicht.	Možno. [moschno]
Bitte.	Prosím. [prossiim]/
Danke.	Ďakujem! [djakujem]
Vielen Dank!	Ď'akujem pekne! [djakujem peknje]
Gern geschehen.	Rado sa stalo. [rado ssa sstalo]
Entschuldigung!	Prepáčte! [prepaatschtje]
Wie bitte?	Ako prosím? [ako prossiim]
Ich verstehe Sie/dich nicht.	Nerozumiem vás/t'a. [njerosumjem waas/tja]
Leider spreche ich kein Slowakisch.	Žial' nehovorím po slovensky. [Schial nehoworiim po sslowenski]
Können Sie mir bitte	Môžete mi prosím pomôct'? helfen? [muoschetje mi prossiim pomuotstj]
Ich möchte …	Prosil *(m.)* by som si… [prossil bi ssom ssi] Prosila *(w.)* by som si… [prossila bi ssom ssi]
Das gefällt mir.	Páči sa mi to. [paatschi ssa mi to]
Das gefällt mir nicht.	Nepáči sa mi to. [njepaatschi ssa mi to]
Haben Sie …?	Máte …? [maatje]
Wie viel kostet es?	Kol'ko to stojí? [kolko to sstojii]
Wie viel Uhr ist es?	Kol'ko je hodín? [kolko je hodjiin]

KENNEN LERNEN

Guten Morgen!	Dobré ráno! [dobree raano]
Guten Tag!	Dobrý deň! [dobrii djenj]
Guten Abend!	Dobrý večer! [dobrii wetscher]
Ich heiße …	Volám sa … [wolaam ssa]
Wie heißen Sie/heißt du?	Ako sa voláte/voláš? [ako ssa wolaatje/wolaasch]
Wie geht es Ihnen/dir?	Ako sa máte/máš? [ako ssa maatje/maasch]

Danke. Und Ihnen/dir?	Ďakujem a vy/ty? [djakujem a wi/ti]
Auf Wiedersehen!	Dovidenia! [dowidjenja]
Tschüss!/Bis bald!	Ahoj! [ahoj]/Do vi! [dowi]

UNTERWEGS

AUSKUNFT

links/rechts	vl'avo [wlavo]/vpravo [wpravo]
geradeaus	priamo [priamo]
nah/weit	blízko [bliissko]/d'aleko [djaleko]
Bitte, wo ist …	Prosím, kde je … [prossiim gdje je]
… der Hauptbahnhof?	… stanica? [sstanjitsa]
… der Flughafen?	… letisko? [letjissko]
Wie weit ist das?	Ako d'aleko je to? [ako djaleko je to]
Ich möchte … mieten.	Rád *(m.)*/rada *(w.)* by som si najal *(m.)*/najala *(m.)* … [raad/rada bi ssom ssi najal/najala …]
… ein Auto/ein Fahrrad…	… auto [auto]/ bicykel [bicykel] …

PANNE

Ich habe eine Panne.	Mám poruchu. [maam poruchu]
Würden Sie mir bitte einen Abschleppwagen schicken?	Poslali by ste mi prosím odt'ahovací voz? [posslali bi stje mi prossiim odtjahowatsii wos]
Wo ist hier in der Nähe eine Werkstatt?	Kde je tu v blízkosti nejaká dielňa? [gdje je tu w bliiskosstji njejakaa djelnja]

TANKSTELLE

Wo ist die nächste Tankstelle?	Kde je najbližšia benzínová pumpa? [gdje je najblischja bensiinowaa pumpa]
Ich möchte … Liter	Prosím si … litrov … [prossiim ssi … litrou …]
… Normalbenzin.	… normálneho benzínu. [normaalneho bensiinu]
… Super./… Diesel.	… super. [ssuper]/… dieslu. [diislu]
… bleifrei.	… bezolovnatého. [besolownateeho]
Voll tanken, bitte.	Plnú prosím. [plnuu prossiim]

UNFALL

Hilfe!/Achtung!	Pomoc! [pomots]/Pozor! [posor]
Vorsichtig!	Opatrne! [opatrnje]

Rufen Sie bitte …	Zavolajte prosím … [sawolajtje prossiim]
… einen Krankenwagen.	… sanitku. [ssanitku]
… die Polizei.	… políciu. [poliitsiju]
… die Feuerwehr.	… požiarnu službu. [poschjarnu ssluschbu]
Es war meine/Ihre Schuld.	Bola to moja/vaša vina. [bola to moja/wascha wina]
Geben Sie mir bitte Ihren Namen und Ihre Anschrift.	Dajte mi prosím vaše meno a adresu. [dajtje mi prossiim wasche meno a adressu]

ESSEN/UNTERHALTUNG

Wo gibt es hier …	Kde je tu … [gdje je tu]
… ein gutes Restaurant?	… dobrá reštaurácia? [dobraa reschtauraatsia]
… ein typisches Restaurant?	… typická reštaurácia? [tipitskaa reschtauraatsia]
Reservieren Sie uns bitte für heute Abend einen Tisch für vier Personen.	Rezervujte nám prosím na dnes večer jeden stôl pre štyri osoby. [reserwujtje naam prossiim na dnjess wetscher jeden sstuol pre schtiri ossobi]
Bezahlen, bitte.	Platit' prosím. [platjitj prossiim]

EINKAUFEN

Wo finde ich …	Kde nájdem … [gdje naajdem]
… eine Apotheke?	… lekáreň? [lekaarenj]
… eine Bäckerei?	… pekáreň? [pekaarenj]
… ein Kaufhaus?	… obchodný dom? [obchodnii dom]
… ein Lebensmittelgeschäft?	… obchod s potravinami? [obchod ss potrawinami]
geöffnet	otvorené [otworenee]
geschlossen	zatvorené [satworenee]

ÜBERNACHTUNG

Können Sie mir bitte … empfehlen?	Môžete mi prosím odporučit' … [muoschetje mi prossiim odporutschitj]
… ein Hotel	… nejaký hotel? [njejakii hotel]
… eine Pension	… nejaký penzión? [njejakii pensioon]
Haben Sie noch Zimmer frei?	Máte ešte vol'né izby? [maatje eschtje wolnee isbi]
… ein Einzelzimmer	… jednopostel'ovú izbu [jednoposstjelowuu isbu]

… ein Doppelzimmer	… dvojpostel'ovú izbu [dwojposstjelowuu isbu]
… mit Dusche/Bad	… so sprchou/s kúpel'ňou? [so ssprchou/ss kuupelnjou]
… für eine Nacht	… na jednu noc [na jednu noz]
Was kostet das Zimmer mit Frühstück?	Kol'ko stojí izba s raňajkami? [kolko stojii isba s ranjajkami]

PRAKTISCHE INFORMATIONEN

ARZT

Können Sie mir einen guten Arzt empfehlen?	Môžete mi odporučit' dobrého lekára? [muoschetje mi odporutschitj dobreeho lekaara]
Ich habe hier Schmerzen.	Mám tu bolesti. [maam tu bolestji]

BANK

Wo ist hier bitte …	Kde je tu prosím … [gde je tu prossiim]
… eine Bank?	… banka? [banka]
… eine Wechselstube?	… zmenáreň? [smenaarenj]
Ich möchte … Schweizer Franken in Euro wechseln.	Potrebujem vymenit' … švajčiarske franky na eurá. [potrebujem wimenjitj … schwajtschiarsske franki na eura]

POST

Was kostet …	Čo stojí … [tscho stojii]
… ein Brief …	… list … [lisst]
… eine Postkarte …	… pohl'adnica … [pohladnjiza]
… nach Deutschland?	… do Nemecka? [do njemezka]

ZAHLEN

0	nula [nula]	12	dvanást' [dwanaasstj]
1	jeden [jeden]	20	dvadsat' [dwatssatj]
2	dva [dwa]	21	dvadsat'jeden [dwatssatjjeden]
3	tri [tri]	50	pät'desiat' [pätdjessiat]
4	štyri [schtiri]	100	sto [ssto]
5	pät' [pätj]	101	stojeden [sstojeden]
6	šest' [schesstj]	200	dvesto [dwessto]
7	sedem [ssedjem]	1.000	tisíc [tjissiiz]
8	osem [ossem]	10.000	desat'tisíc [djessatjissiiz]
9	devät' [djewätj]		
10	desat' [djessatj]	1/2	polovina [polowina]
11	jedenást' [jedenaasstj]	1/4	štvrtina [schtwrtjina]

Zipser Burg

> UNTERWEGS IN DER SLOWAKEI

Die Seiteneinteilung für den Reiseatlas finden Sie auf dem hinteren Umschlag dieses Reiseführers

REISE ATLAS

A
B
C
ČESKÁ REP.
1
2
3
4
5
6
Uherské Hradiště
Uherský Brod
Kunovice
Buchlov
Napajedla
Luhačovice
Slavičín
Vlachovice
Hrádek n.Vl. dr.
Bojkovice
Bílé Karpaty
Kyjov
Ždánice
Archlebov
Svatobořice-Mistřín
Šardice
Hovorany
Čejč
Dubňany
Ratíškovice
Vracov
Bzenec
Vacenovice
Veselí n. Mor.
Vnorovy
Strážnice
Blatnice
Velká n. Veličkou
Strání
Vel. Javořina
Hodonín
Holíč
Skalica
Kopčany
Radošovce
Myjava
Vrbovce
Moravské Lieskové
Stará Turá
Lubina
Nové Mesto nad Váhom
Čachtický hrad
Čachtice
Štefánikova mohyla
Bradlo
Brezová p. Bradlom
Senica
Sobotište
Častkov
Prietrž
Gbely
Brodské
Kúty
Petrova Ves
Dojč
Šaštín-Stráže
Borský Mikuláš
Jablonica
Lopašov
Dolný Lopašov
Chtelnica
Vrbové
Piešťany
Piešt'any
Drahovce
Vel'ké Kostol'any
Jaslovské Bohunice
Malženice
Trakovice
Leopoldov
Hlohovec
Trnava
Trstín
Smolenice
Záruby
Dolná Krupá
Boleráz
Dolné Orešany
Plavecký Mikuláš
Sološnica
Malé Karpaty
Červený Kameň
Dol'any
Častá
Vysoká
Pernek
Budmerice
Hrnčiarovce
Cífer
Báhoň
Zavar
Šúrovce
Sered'
Majcichov
Voderady
Pezinok
Modra
Šenkvice
Svätý Jur
Slovenský Grob
Senec
Pusté Úl'any
Sládkovičovo
Galanta
Šoporňa
Bernolákovo
Vel'ké Úl'any
Jelka
Diakovce
Tešedíkovo
BRATISLAVA
Most pri Brat.
Stvrtok na Ostrove
Zlaté Klasy
Lehnice
Malý Dunaj
Král'ov Brod
Šamorín
Hamuliakovo
Rusovce
Dunajská Streda
Trstice
Topol'níky
Vrakúň
Horný Bar
Dolný Štál
Baka
Gabčíkovo
Okoč
Vel'ký Meder
Bodza
Medved'ov
Kl'účovec
Vel'ké Kosihy
Trávnik
Vámosszabadi
Győr
Győrszentiván
Gönyu
Dunaszeg
Mecsér
Ásványráró
Darnózseli
Lipót
Hédervár
Kimle
Mosonmagyaróvár
Ostrov morských orlov
Dunasziget
Bezenye
Rajka
Hegyeshalom
Mosonszolnok
Jánossomorja
MAGYARORSZÁG
Fertő-Hanság N.P.
Ottevény
Abda
Bősárkány
Rábca
Kittsee
Petronell-Carnuntum
Carnuntum
Hainburg
Eckartsau
Engelhartstetten
Haringsee
Nationalpark Donau-Auen
Lassee
Marchegg
Devínska N. Ves
Devín
Hrad
Dóm
Stupava
Borinka
Lozorno
Zohor
Vysoká pri Mor.
Malacky
Jakubov
Plavecký Štvrtok
Záhorská Ves
Angern a.d.M.
WWF Natur-reservat Marchauen
Záhorie
Gajary
Vel'ké Leváre
Sekule
Dürnkrut
Hohenau an der March
Schloss Rabensburg
Reinthal
Valtice
Lanžhot
Břeclav
Podivín
Lednicko-Valtický
Prušánky
Vel. Bílovice
Moravská Nová Ves
Tvrdonice
Kostice
Rakvice
Vel. Pavlovice
Kobylí
Čejkovice
Mutěnice
Boleradice
Klobouky
Dambořice
Moutnice
Újezd u Brna
Křenovice
Gattendorf
Parndorf
Zurndorf
Deutsch Jahrndorf
Nickelsdorf
Parndorfer Heide
Halbturn
Neusiedl am See
Gols
Mönchhof
Podersdorf am See
Frauenkirchen
Neusiedler See
Fertő-tó Neusiedler See
Illmitz
Nationalpark Neusiedler See Seewinkel
Andau
Wallern i. Burgenl.
Pamhagen
Fertő-Hanság
10 km
Zákazany priestor
Studienka
Lakšárska Nová Ves
Rohožník
Chvojnica
Myjava
Morava
Dunaj
Váh
Dudváh
E50
E65
E75
E58
E571
E575
E60
M1
M15

D
E
F
Považská Bystrica
Púchov
Martin
Národný park Malá Fatra
Vrútky
Turany
Ružomberok
Sučany
Sklabinský hrad
Slovenské národné muzeum
Národný park Veľká Fatra
Veľká Fatra
Rajecké Teplice
Rajec
Domaniža
Pružina
Fačkov
Kľak 1351
Kláštor p. Znievom
Príbovce
Necpaly
Blatnica
Ladce
Ilava
Dubnica n. Váhom
N. Dubnica
Vápeč 956
Mojtín
Zliechov
Čičmany
Slovenské Pravno
Mošovce
Ostredok 1592
Trenčín
Trenč. Teplice
Omšenie
Dolná Poruba
Valaská Belá
Čierna Lehota
Kľačno
Nitrianske Pravno
Diviaky
Turčianske Teplice
Dubové
Staré Hory
Harmanec
Harmanecká jaskyňa
Nedožery
Horná Štubňa
Trenč. Turná
Krásna Ves
Nitrianske Rudno
Závada p. Čiernym v.
Rokoš 1010
Bojnice
Prievidza
Sklené
Ráztočno
Dolný Turček
Kordíky
Králiky
Tajov
Banská Bystrica
Inovec 1042
Dubodiel
Svinná
Uhrovec
Bánovce n. Bebravou
Koš
Cigeľ
Handlová
Kremnica
Nováky
Hradište
Rybany
Šišov
Prašice
Žabokreky n. Nitrou
Partizánske
Chynorany
Bystričany
Vtáčnik 1346
Prochot
Žiar n. Hr.
Jastrabá
Železná Breznica
Hron. Dúbrava
Zvolen
Šášovský hrad
Nemčice
Topoľčany
Bošany
Ponitrie
Horná Ves
Kľak
Veľ. Pole
Bzenica
Revište
Hliník n. Hr.
Sklené Teplice
Bacúrov
Kozelník
Ludanice
Kovarce
Veľk. Tribeč 829
Tribeč
Skýcov
Malá Lehota
Horné Hámre
Žarnovica
Teplá
Štiavnické vrchy
Skalka
Veľká Lehota
Nová Baňa
Hodruša-Hámre
Štiavnické Bane
Banská Štiavnica
Banská 882
Dobrá Niva
Topoľčianky
Gýmeš
Topoľčianky
Veľký Inovec 901
Dol'né Sl'ažany
Jelenec
Zlaté Moravce
Sitno 1009
Počúvadlo
Prenčov
Krupina
Čakajovce
Zobor 588
Lapáš
Arborétum Mlyňany
Hronský Beňadik
Pukanec
Bohunice
Jabloňovce
Hontianske Nemce
Bzovík
Slepčany
Nemčiňany
Tlmače
Bátovce
Ivanka
Cabaj-Čápor
Vráble
Nový Tekov
Veľ. Ďur
Levice
Žemberovce
Drienovo
Mojmírovce
Branč
Tehla
Lok
Kalná n. Hronom
Kalinčiakovo
Dudince
Plášťovce
Opavská hora
Poľný Kesov
Čeľník
Komjatice
Mýtne Ludany
Jatov
Beša
Tekovské Lužany
Demandice
Šarovce
Veľký Pesek
Tupá
Vinica
Tvrdošovce
Radava
Veľké Lovce
Šurany
Šahy
Hont
Nagyoroszi
Palárikovo
Bešeňov
Želiezovce
Kemence
Duna-Ipoly
Dvory n. Žitavou
Kolta
Farná
Bielovce
Nové Zámky
Máľe Ludince
Vámosmikola
Csóványos 939
Diósjenő
Čata
Templom
Komoča
Máľe Kosihy
Nagy-börzsöny
N.P.
Nesvady
Bajč
Svodín
Pribeta
Strekov
Kamenín
Salka
Letkés
Márianosztra
Szokolya
Hurbanovo
Gbelce
Kamenica n. Hron.
Burdoň
Chľaba
MAGYARORSZÁG
Verőce
Kameničná
Svätý Peter
Modrany
Szob
Nagymaros
Vác
Komárno
Marcelová
Kravany na Dun.
Mužla
Štúrovo
Esztergom
Bazilika
Dunakanyar
Visegrád
Moča
Nyergesújfalu
Dömös
Duna-Ipoly N.P.
Tahitótfalu
Skanzen
Komárom
Almásfüzitő
Dunaalmás
Lábatlan
Tokod
Dorog
Visegrádi-hegység
Pilisszentkereszt
Leányfalu
Szentendre
Gerecse
Sárisáp
Csolnok
Dunaj
Váh
Nitra
Žitava
Hron
Ipeľ
Dunaj
Duna
E50
E75
E572
E77
E58
E571
R1
R2
R3
R6

A
B
C
1
2
3
4
5
6
Jičín
Kozlovice
Frýdlant n. Ostr.
Lysá hora 1323
Frenštát p. Radh.
Čeladná
Ostravice
Trojanovice
Radhošť 1129
Skanzen
ČESKÁ
REP.
Rožnov p. Radh.
Hor. Bečva
St. Hamry
Jablunkov
Horní Lomná
Mionší
Mosty u Jab.
Jablunkovský průsmyk
Bukovec
Velký Polom
Istebna
Koniaków
Jaworzynka
Laliki
Zwardoń
Sól
Rajcza
Ujsoły
Rycerka Górna
Soblówka
Glinka
Skalité
Svrčinovec
Oščadnica
Raková
Čadca
Staškov
Turzovka
Zákopčie
Krásno n. Kys.
Makov
Vysoká n. Kys.
Vyš. Koniec
Kysucký Lieskovec
Lodno
Nesluša
Kysucké Nové Mesto
Velké Karlovice
Karolinka
Beskydy
Valaš. Bystřice
Tanečnice 912
Vsetín
Nový Hrozenkov
Halenkov
Huslenky
Vel'ký Javorník 1071
Podjavorník
Makyta 923
Zděchov
Čertov
Kolárovice
Vel'ké Rovné
Dlhé Pole
Divina
Svederník
Bytča
Predmier
Žilina
Hričov
Rosina
Súl'ov
Súľovské skaly
Lietava
Považská Bystrica
Považský hrad
Udiča
Púchov
Lednica
Beluša
Ladce
Ilava
Dubnica n. Váhom
N. Dubnica
Trenč. Teplice
Trenčín
Rajecké Teplice
Rajec
Domaniža
Pružina
Fačkov
Kl'ak 1351
Čičmany
Zliechov
Vápeč 956
Valaská Belá
Kláštor p. Znievom
Slovenské Pravno
Kl'ačno
Nitrianske Pravno
Dubové
Nedožery
Prievidza
Bojnice
Handlová
Kremnica
Strečno
hrad Strečno
Varín
Vrátna
Malá Fatra
Národný park
Vel'ký Kriváň 1708
Vrútky
Martin
Sučany
Sklabinský hrad
Slovenské národné muzeum
Turany
L'ubochňa
Ružomberok
Národný park Vel'ká Fatra
Príbovce
Blatnica
Mošovce
Ostredok 1592
Turčianske Teplice
Donovaly
Staré Hory
Harmanec
Harmanecká jaskyňa
Špania Dolina
Banská Bystrica
Hron
Zvolen
Sliač
Hron. Dúbrava
Žiar n. Hr.
Šašovský hrad
Ziar
Bánovce n. Brebavou
Nováky
Uhrovec
Partizánske
Topol'čany
Ponitrie
Tribeč
Vel'k. Tribeč 829
Vtáčnik 1346
Topoľčianky
Gýmeš
Zlaté Moravce
Arborétum Mlyňany
Vel'ký Inovec 901
Nová Baňa
Žarnovica
Štiavnické vrchy
Banská Štiavnica
Sitno 1009
Krupina
Pukanec
Hronský Beňadik
Nitra
Zobor 588
Vráble
Levice
Kalná n. Hronom
Tekovské Lužany
Želiezovce
Šahy
Balassagyarmat
Dudince
Tupá
Pohronie
10 km
125
E442
E50
E75
E58
E571
E572
E77
R1
R2
R3
R6

POLSKA
MAGYARORSZÁG
Rabka-Zdrój
Nowy Targ
Zakopane
Tatrzański P.N.
Pieniński P.N.
Szczawnica
Krościenko n. Dunajcem
Námestovo
Tvrdošín
Trstená
Oravský hrad
Zuberec
Tatranský národný park
Liptovský Mikuláš
Lipt. Hrádok
Vysoké Tatry
Lomnický štít 2632
Gerlachovský štít 2655
Kriváň 2494
Štrbské pleso
Starý Smokovec
Tatr. Lomnica
Poprad
Kežmarok
Spišská Belá
Levoča
Spišský Štvrtok
N. Ves
Slovenský raj
Národný park Nízke Tatry
Ďumbier 2043
Chopok 2024
Brezno
Národný park Muránska planina
Slovenské rudohorie
Rožňava
Dobšiná
Tisovec
Revúca
Jelšava
Hnúšťa
Rimavská Sobota
Detva
Lučenec
Fiľakovo
Poltár
Tornaľa
Plešivec
Ózd
Salgótarján
Putnok
Szécsény
E50
E58
E571
E77

A
B
C
1
2
3
4
5
6
POLSKA
BESKID SĄDECKI
Pieniny
Kamienica
Łącko
Stary Sącz
Nawojowa
Kąclowa
Łosie
Gorczański P.N.
Zabrzeż
Jazowsko
Barcice Dolne
Łabowa
Uście Gorlickie
Ochotnica Grn.
Ochotnica Dln.
Lubań 1212
Rytro
Śnietnica
Dębno
Kłodne
1038
Uhryń
Kluszkowce
Krościenko n. Dunajcem
Radziejowa
1261
Huta
Izby
Wysowa
Pieniński P.N.
Piwniczna-Zdrój
Łomnica-Zdrój
Lackowa 1001
Niedzica
Szczawnica
Krynica-Zdrój
Białka Tatrzańska
1741
Łapsze Niżne
Lysá n.D.
Sromowce Niżne
Červený Kláštor
P. Żeniowska
Mníšek n. Popr.
Żegiestów-Zdrój
1113
Tylicz
Przełom Dunajca
Hraničné
Muszynka
Spišská St. Ves
Pieninský nár. park
Powroźnik
Bardejovské Kúpele
Bukowina Tatrzańska
Andrzejówka
Muszyna
Kurov
Tarnov
Osturňa
Spišské Hanušovce
Kamienka
Vyšné Ružbachy
Malý Lipník
Stará Ľubovňa
Obručné
Ždiar
Topľa
Richvald
Belianske Tatry
Toporec
Podolínec
Plaveč
Ľubotín
Tatr. Javorina 2151
Lendak
Slovenská Ves
Jakubany
Plavnica
1157
Lomnický štít 2632
Spišská Belá
Šambron
Veľká Javorina 1098
Ihľany
Zakázaný priestor
Tatr. Lomnica
Kežmarok
Torysa
Lipany
Starý Smokovec
Tatr. Polianka
1225 Javorina
Toryský
Torysa
Sabinov
Vysoké Tatry
Veľká Lomnica
Niž. Slavkov
Štrba
Veľký Slavkov
Vrbov
Šarišské Michaľany
Poprad
Svit
Levoča
Lipovce
Jarovnice
Kapušany
Spišský hrad
Beharovce
Široké
Šarišský hrad
Vikartovce
Hornád
Klčov
Spišský Štvrtok
Spišské Podhradie
Žehra
Široké
Vít'az
Prešov
Hranovnica
Hrabušice
Sľubica 1129
Brežany
Spišské Bystré
Spišské Tomášovce
Smižany
Spišská N. Ves
Spišské Vlachy
Hrabkov
Národný park Slovenský raj
Hornád
Prešov Juh
Vernár
Kluknava
Sedlice
Kendice
Krompachy
Slovenský raj
1137
Novoveská Huta
Markušovce
Margecany
Lemešany
Telgárt
Dobšinská ľadová j.
Rudňany
Gelnica
Jaklovce
Kysak
vod. n. Ružín
Dobšiná
Mlynky
Hnilec
Nálepkovo
Hnilec
Švedlár
Mníšek n. Hnilcom
Prakovce
Košická Belá
Budimír
Slaná
Rejdová
Vlachovo
Henclová
Kojšovská hoľa 1246
Stolica 1476
Slovenské rudohorie
Vyš. Klátov
Nižná Slaná
1248
Slavošovce
Smolník
Medzev
Gemerská Poloma
Betliar
Poproč
Štós
Rožňava
Krásna Hôrka
Jasov
Krásnohorské Podhradie
Bodva
Národný park
Jelšava
Štítnik
Drnava
Zádielske Dvorníky
Háj 706
Moldava n. Bodvou
Šaca
Slovenský kras
Turnian. hrad
Turňa n.B.
Gombasecká jaskyňa
Silická
Jablonov n. Turňou
Hrhov
Čečejovce
Veľká Ida
Silica
Jablonica
Janík
Seňa
Plešivec
Tornanádaska
Perín
Licince
Vinicný v.
Aggteleki karszt
604
Szin
Buzica
Tornyosnémeti
Gemerská Panica
Baradla-bg.
507
Aggteleki N.P.
Krasznokvajda
Hidasnémeti
Dlhá Ves
Domica
Jósvafő
Gemer
Aggtelek
Aggteleki Nemzeti Park
Szalonna
Szemere
Rakaca
Irotai-tető 353
Tornal'a
Ragály
Festőház
Szendrő
Abod
Novajidrány
Slaná
Cserehát
Vizsoly
Kelemér
Rudabánya
Felsővadász
Baktakék
Selyeb
Regéc
Rimavská Seč
Král'
Tompa Múzeum
Lak
Boldogkőváralja
Vár
Encs
Putnok
Felsőnyárád
Izsófalva
Damak
Forró
Rimava
Bánréve
Sajó
Sajópüspöki
Vadna
Edelény
Léh
Abaújszántó
Csobád
Hernád
Erdőbé
Homrogd
MAGYARORSZÁG
Ózd
Kazincbarcika
Tállya
Hernádkércs
Monok
10 km
Sajószentpéter
Boldva
Dédestapolcsány
Szikszó
Megyaszó
Szerencs
Arló
Parasznya
Sajóvámos
Csernely
Bükki Nemzeti Park
MISKOLC
Borsodnádasd
Ómassa
Szilvásvárad
956
Hámor
Lillafüred
Gesztely
Felsőzsolca
Tarcal

D
E
F
1
2
3
4
5
6
POLSKA
UKRAJINA
MAGYARORSZÁG
BESKIDY WSCHODNIE
NÍZKE BESKYDY
BIESZCZADY
Magurski Park Narodowy
Bieszczadzki
Národný park Poloniny
Užans'kyj nacional'nyj park
Sanok
Rymanów
Iwonicz-Zdrój
Dukla
Iwla
Krempna
Polany
Tylawa
Barwinek
Przełęcz Dukielska (500)
Dukliansky priesmyk
Jaśliska
Wola Niżna
Wisłok Wlk.
Nowosielce
Niebieszczany
Nowotaniec
Bukowsko
Zagórz
Poraż
Lesko
Olszanica
Wańkowa
Uherce Mineralne
Czaszyn
Hoczew
Solina
Jez. Solińskie
Polańczyk
Baligród
Rzepedź
Komańcza
Radoszyce
Seredne Wielkie
Cisna
Dołżyca
Majdan
Kalnica
Wetlina
Maniów
Nowy Łupków
Palota
Vydraň
Medzilaborce
Čabalovce
Krásny Brod
Svetlice
Havaj
Čertižne
Krajná Poľana
Vyšný Komárnik
Niž. Mirošov
Ladomirová
Svidník
Hažlín
Kožany
Šarišský Štiavnik
Stropkov
Koprivnica
Dukovce
Giraltovce
Chmeľov
Brusnica
Tokajík
Ruská Poruba
Oľka
Radvaň n. Lab.
Nižná Jablonka
Hostovice
Pápin
Nižná Sitnica
Koškovce
Zubné
vod. n. Veľ. Domaša
Matiaška
Hanusovce n. Topľou
Bystré
Michalok
Malá Domaša
Humenné
Snina
Udavské
Cirocha
Jalová
Stakčín
Ruský Potok
Zboj
N. Sedlica
Runina
vod. nádrž Starina
Kamenica n. Cirochou
Jasenov
Vihorlat 1076
Zakázaný priestor
Morské oko
Ladomirov
Ubľa
Strihovce
Ruský Hrabovec
Zlatá Bana
Sol
Vranov n. Topľou
Zámutov
Čaklov
Sedliská
Strážske
Čemerné
Menší vrch 944
Herliansky gejzír
Banské
Sačurov
Nižný Hrabovec
Nižný Hrušov
Sečovská Polianka
Herľany
Vinné
v. n. Zemplínska Šírava
Jovsa
Rakovec n. Ondavou
Michalovce
Závadka
Sobrance
Tibava
Podhorod
Choňkovce
Bidovce
Svinica
Ol'šany
Bogota
Ruskov
Sečovce
Trhovište
Ložín
Blatné Remety
Vel. Bereznyj
Malyj Bereznyj
Dubrynyči
Zaričeve
Perečyn
Zemplínska Teplica
Slanec
Trebišov
Budkovce
Palín
Pavlovce n. Uhom
Záhor
Vyš. Nemecké
Katedrálny sobor
UŽHOROD
УЖГОРОД
Niž. Žipov
Vel. Milič 900
Hollóháza
Malčice
Vojany
Lekárovce
Syslivci
Cholmok
Mali Hejivci
Seredne
Michaľany
Veľaty
Veľké Kapušany
Latorica
Strumkivka
Füzérradvány
Rozhľadňa
Bol
Leles
Čierna
Čop
Velika Dobroň
Széphalom
Cejkov
Bodrog
Slovenské N. Mesto
Sátoraljaújhely
Kráľovský Chlmec
Záhony
Žsurk
Bat'ovo
Barkasovo
Streda n. Bodr.
Veľký Kamenec
Semjén
Zemplénagárd
Tuzsér
Hercegkút
Pácin
Ricse
Révleányvár
Lónya
Zvinkove
Sárospatak
Karcsa
Mándok
Kosyny
Cigánd
Mezőladány
Koson'
Tisza
Dombrád
Kisvárda
Tiszacsermely
Tiszatelek
Aranyosapáti
Tiszaadony
Györgytarló
Viss
Gávavencsellő
Beszterec
Anarcs
Gelénes
Csaroda
Tímár
Rakamaz
Nagyhalász
Ibrány
Demecser
Gemzse
Vásárosnamény
Gergelyiugornya

KARTENLEGENDE

Symbol	Legende
18 26	Autobahn mit Anschlussstellen Motorway with junctions
	Autobahn in Bau Motorway under construction
	Mautstelle Toll station
	Raststätte mit Übernachtung Roadside restaurant and hotel
	Raststätte Roadside restaurant
	Tankstelle Filling-station
	Autobahnähnliche Schnellstraße mit Anschlussstelle Dual carriage-way with motorway characteristics with junction
	Fernverkehrsstraße Trunk road
	Durchgangsstraße Thoroughfare
	Wichtige Hauptstraße Important main road
	Hauptstraße Main road
	Nebenstraße Secondary road
	Eisenbahn Railway
	Autozug-Terminal Car-loading terminal
	Zahnradbahn Mountain railway
	Kabinenschwebebahn Aerial cableway
	Eisenbahnfähre Railway ferry
	Autofähre Car ferry
	Schifffahrtslinie Shipping route
	Landschaftlich besonders schöne Strecke Route with beautiful scenery
Alleenstr.	Touristenstraße Tourist route
XI-V	Wintersperre Closure in winter
	Straße für Kfz gesperrt Road closed to motor traffic
8%	Bedeutende Steigungen Important gradients
	Für Wohnwagen nicht empfehlenswert Not recommended for caravans
	Für Wohnwagen gesperrt Closed for caravans

Symbol	Legende
Wartenstein *Umbalfälle*	Sehenswert: Kultur - Natur Of interest: culture - nature
	Badestrand Bathing beach
	Besonders schöner Ausblick Important panoramic view
	Ausflüge & Touren Excursions & tours
	Nationalpark, Naturpark National park, nature park
	Sperrgebiet Prohibited area
	Kirche Church
	Kloster Monastery
	Schloss, Burg Palace, castle
	Moschee Mosque
	Ruinen Ruins
	Leuchtturm Lighthouse
	Turm Tower
	Höhle Cave
	Ausgrabungsstätte Archaeological excavation
	Jugendherberge Youth hostel
	Allein stehendes Hotel Isolated hotel
	Berghütte Refuge
	Campingplatz Camping site
	Flughafen Airport
	Regionalflughafen Regional airport
	Flugplatz Airfield
	Staatsgrenze National boundary
	Verwaltungsgrenze Administrative boundary
	Grenzkontrollstelle Check-point
	Grenzkontrollstelle mit Beschränkung Check-point with restrictions
PARIS	Hauptstadt Capital
MARSEILLE	Verwaltungssitz Seat of the administration

REGISTER

In diesem Register sind alle in diesem Band erwähnten Orte und Ausflugsziele, sowie wichtige Stichworte und Namen verzeichnet. Halbfette Seitenzahlen verweisen auf den Haupteintrag, kursive auf ein Foto.

Artikularkirchen 16, 87f, 95, 101
Aquapark Tatralandia 70, 101
Banovce 101
Banská Bystrica 11, **76ff**, 106f
Banská Štiavnica 23, 76, **82ff**, 110
Bardejov 86f, **92f**
Bardejovské Kúpele 10, 21, 87, **93**
Beckov (Burg) 58
Bernolákovo 106
Bešeňová 101
Beskiden 8
Bevölkerung 16ff
Biely Potok 101
Bodružal 95
Bojnice (Schloss) 22, **74f**, 101, 110
Bratislava 9f, 12f, 14f, 20, 23, 30, **31ff**, 98, 101, 102f, 105f, 109f
Brezno 106
Brezová pod Bradlom 55
Brhlovce 52
Čachtice (Burgruine) 55
Časta 41
Červený kameň (Biberburg) 41f
Červený kláštor 64
Chvatimech 111
Čičmany *6/7*, 75
Čierny Balog 111
Čunovo 39, 107
Dedinky 97
Demänova-Höhlen 69, 100
Demänova-Tal **69**, 100
Detva 22
Devín (Burgruine) **40**, 110
Devínska Nová Ves 40
Dobroč-Urwald 111
Dobšiná-Eishöhle 97
Dolný Kubín 71
Domica-Höhle 111
Donauebene 9f. 46ff
Donovaly 22, **80f**, 107
Dražovce 52
Dudince 15
Dzurinda, Mikuláš 10, 20
Erzgebirge 76ff
Fico, Robert 10, 20
Freilichtmuseen 10, 18, 71, 72, 74, 93
Freilichtmuseum im Kalten Tal (Skanzen Orava) 72
Gerlsdorfer Spitze 63, 100
Große Fatra 19, 62
Havránok (Freilichtmus.) 74
Herľany (Geysir) 91
Höhlen 10, 18, 45, 69, 97, 106, 111
Hohe Tatra 8f, 18f, 62, **63ff**, 98ff, 105, 107f
Hronsek 81
Hummel, Johann Nepomuk 34
Hunkovce 95
Jánošík 18f, 23, 27, 67f, 71, 98
Jasná 69, 100, 107
Kamzik 39f, 41
Karpatenweinstraße 31, 41, 44
Kežmarok 16, 23, 64, 86, **87f**, 91, 100
Kleine Fatra 8, 19, 62, **67f**, 107
Kleine Karpaten 8, 27, **41ff**
Kolárovo („Schwimmende Mühle") *46/47*, 52
Komárno 9, **47ff**
Košice 9, 11, 27, 86, **89ff**, 106, 111
Kováčová 84
Krahule 85
Krajné Čierno 95
Krasín 59
Kremnica 76, **84f**
Kremnicer Höhen 85
Kremnické Bane 85
Kriváň 23, 65, 99
Ladomírová 95
Lazisko 101
Lednické Rovne 58f
Levoča 86, 92, **95ff**
Lietavská Svinná 110
Liptau 29, 62, 106
Liptovská Mara 62, **70**
Liptovský Mikuláš 18f, 22, 62, **70f**, 74, 98, 100, 105, 107
Liptovský Peter 99
Lomnitzer Spitze 63, 100
Malatíny 70
Maria Theresia 32
Martin 62, **67**
Mečiar, Vladimír 10
Medzilaborce 94
Mlyňany (Arboretum) 52
Modra 23, 29, **42**
Motešice 107
Muráň-Plateau 19
Námestovo 71
Nationalparks 19, 62
Niedere Tatra 8, 19, 22, 62, **68ff**, 98ff, 106f
Nitra 27, **49ff**, 101, 105, 110
Nižny Komárnik 95
Öko-Freilichtmuseum 110
Orava-Burg 23, **71**
Orava Stausee 71
Oravský Podzámok 71
Pezinok 22f, **42ff**
Pieninen 19, 64
Piesok 42
Piešťany 10, 21, **53ff**, 101, 106
Podbanské 64, **65**, 99
Podhate 68
Politik 20
Poloniny 19
Poprad 15, 22, 92
Pozdišovce 29
Prešov 23, 86, **94**
Pribylina 99
Prievidza 101
Prístav Oravská 71
Rajecké Teplice 75
Roháče-Massiv 71f
Rožňava 18
Rusovce 40
Ružomberok 62, 71, 101
Šachtička 80
Šarišer Freilichtmuseum 93
Skalica 14
Skalka nad Váhom 59
Slanická osada 71
Slanický ostrov (Kunst-Insel Slanica) 71
Sĺňava (Stausee) 55
Slovenský Grob 44
Slowakischer National-aufstand (SNP) 20f, 22, 78
Slowakisches Paradies 8, 19, 86, **97**, 106
Smokovec 107
Smolenice 31, 41, **44f**
Špania Dolina 81
Spišská Belá 100
Spišská Nová Ves 86, 97
Spišská Sobota 92
St. Anton (Sväty Anton) 83f
Starý Smokovec **65f**, 99
Štiavnicke bane 84
Štrbské Pleso 22, **66**, 72, 99, 107
Strečno 62, **67**
Štúr, Ľudovit 42
Sučanská dolina 59
Svätý Jur 31, **45**
Svätý križ 101
Svidník 22, 95
Tále 106
Tatranská Lomnica *24/25*, **66**, 100, *104/105*
Terchová 19, 22f, **67f**, 74, 105

Thermalbäder 10, 21, 49, 53f, 60, 65, 70, 75, 93, 101
Thomas-Ausblick 97
Tiso Jozef 10, 21
Topoľčianky (Schloss) 52f
Trenčianske Teplice 10, 21, **60**
Trenčín 23, **56ff**, *98/99*, 101, 107
Tribeč-Gebirge **53**, 101
Trnava 12, 20, **60f**, 101
Tvrdošín 71
Veľka Lomnica 106
Višňové 55
Vlkolínec (Museumsdorf) 22, **71**, 101
Východná 22
Vyšna Revúca 80
Vrátna-Tal **67f**, 107
Waagtal 8f, 46ff, 101
Warhol, Andy 94
Weiße Karpaten 8, 101
Weiße (Belaer) Tatra 62, 64
West-Tatra 8, 62, **71f**, 107
Wien 40
Wirtschaft 20
Záhorie 43
Zázriva 74
Ždiar *62/63*, 100
Žehra 97
Žilina 8, 12, 20, 62, 65, **72f**, 107
Zips 18, 64, **86ff**
Zipser Burg *19*, 22, 91, **97**, 111
Zipser Kapitel 97
Zuberec **72**, 107
Zvolen 81f

> SCHREIBEN SIE UNS!

Liebe Leserin, lieber Leser,

wir setzen alles daran, Ihnen möglichst aktuelle Informationen mit auf die Reise zu geben. Dennoch schleichen sich manchmal Fehler ein – trotz gründlicher Recherche unserer Autoren/innen. Sie haben sicherlich Verständnis, dass der Verlag dafür keine Haftung übernehmen kann.

Wir freuen uns aber, wenn Sie uns schreiben.

Senden Sie Ihre Post an die MARCO POLO Redaktion, MAIRDUMONT, Postfach 31 51, 73751 Ostfildern, info@marcopolo.de

IMPRESSUM

Titelbild: Schäfer mit Schafherde (IFA Bilderteam: ISIFA)
Fotos: Anzenberger (100); AQUAPARK Poprad, s.r.o. (15 u.); BOTEL MARINA: Rastislav Polak and Plasma s.r.o. (15 M.); Čajovňa u veselého slona (14 u.); Camouflage (102 M.l.); Crowne Plaza Bratislava (13 o.); DOMARK: Richard Kohler (12 u.); GUnaGU: Ctibor Bachratý (13 u.); P. Hautzinger (Klappe Mitte, 37); C. Hofer (5, 21, 26, 42, 50, 75, 78, 90, 134); Huber: Gräfenhain (8/9, 16/17, 24/25, 27, 62/63, 104/105), Schmid (30/31); IFA Bilderteam: ISIFA (1); © iStockphoto.com: Jason Lugo (103 M.r.), Joan Vicent Cantó Roig (102 o.l.); L. Janicek (3 l.); V. Janicke (6/7, 73, 98/99, 122/123); A. Jirousek (Klappe links, Klappe rechts, 2 r., 3 M., 4 l., 4 r., 19, 22, 22/23, 23, 28, 28/29, 29, 34, 41, 43, 44, 48, 53, 54, 56, 58, 61, 64, 67, 70, 76/77, 81, 82, 85, 88, 93, 94, 96, 111); Liana au Park (102 u.r.); Mauritius: Imagebroker.net (108/109), Nebe (3 r.); Pálffy Palast Galerie (103 o.l.); Restaurant UFO (103 M.l.); Schapowalow: Atlantide (69); Zuzana Smatanova: Jakub Klimo (14 o.); Katharina Sommer (102 M.r., 103 u.r.); Katharina Sommer: Achim Bornhoeft (12 o.); Transit Archiv: Härtrich (11, 32, 86/87), Meinhardt (39, 46/47), Rötting (2 l., 106); Vertigo: Martin Žilka, www.PhotoMartini.com (15 o.)

5. (9.), aktualisierte Auflage 2012

Chefredaktion: Michaela Lienemann, Marion Zorn
Autor: Christoph Hofer; Co-Autorin: Daniela Capcarova; Redaktion: Jochen Schürmann
Programmbetreuung: Ann-Katrin Kutzner, Nikolai Michaelis; Bildredaktion: Gabriele Forst, Silwen Randebrock; Szene/24h: wunder media, München
Kartografie Reiseatlas: © MAIRDUMONT, Ostfildern
Innengestaltung: Zum goldenen Hirschen, Hamburg; Titel/S. 1–3: Factor Product, München
Sprachführer: in Zusammenarbeit mit Ernst Klett Sprachen GmbH, Stuttgart, Redaktion PONS Wörterbücher

Printed in Hungary. Gedruckt auf 100% chlorfrei gebleichtem Papier

> UNSER AUTOR

MARCO POLO Insider Christoph Hofer im Interview

Christoph Hofer lebt in München und beschäftigt sich seit Anfang der 1990er-Jahre intensiv mit der Slowakei.

Woher kommt Ihr Interesse an der Slowakei?

Meine Mutter stammt aus der ehemaligen Tschechoslowakei. Da wir vor der Wende nie dorthin reisen konnten, hatte das Land zunächst keine große Bedeutung für mich. Das änderte sich natürlich nach 1989, und ich begann entfernte Verwandte meiner Mutter in Bratislava zu besuchen, die fast alle ausgezeichnet Deutsch sprachen.

Was reizt Sie an der Slowakei?

Da ich gerade Osteuropäische Geschichte zu Ende studiert hatte, reizte mich der doppelte berufliche und persönliche Bezug, und ich begann auch die Sprache zu lernen, was spannend war, da ich Russisch bereits studiert hatte. Im Gegensatz zu Russland ist die Slowakei ein winziges Land, und es war interessant, die Unterschiede nicht nur zur westlichen Lebenart zu entdecken, sondern auch zu jenen der anderen osteuropäischen Länder. Die Slowakei ist ein Land, das sehr viel westlicher geprägt ist, als uns dies aus dem Westen zuweilen erscheint. Und die Menschen sind für das Interesse dankbar, das man ihrem kleinen Land entgegenbringt.

Was machen Sie beruflich?

Ich lebe in der Nähe von München und arbeite in einem Unternehmen, das Geschäfte mit Osteuropa tätigt.

Sprechen Sie Slowakisch?

Durch meine Mutter hatte ich zu Hause ein wenig „Küchen-Slowakisch" aufgeschnappt und konnte mich auch auf Basisunterhaltungen einlassen. Doch als ich dann begann, das Land systematisch zu bereisen, genügte mir dies nicht mehr. Ich begann an der Volkshochschule und besuchte dann einige Semester lang die Sprachkurse an der Münchner Uni. Wichtig war mir immer, ins Land selbst zu reisen, um den Gebrauch der Sprache aktiv zu tranieren.

Kommen Sie viel in der Slowakei herum?

Ich fahre mehrmals im Jahr hin. In kaum sechs Stunden bin ich in Bratislava, das lohnt sogar für ein Wochenende. Zum einen gibt es in der Hauptstadt die Verwandten, die mich immer wieder zu Festen und besonderen Ereignissen einladen. Aber inzwischen ist die Zahl der Freunde im ganzen Land ebenfalls beträchtlich angewachsen, sodass ich bei längeren Aufenthalten nicht nur in die Mittelslowakei und die Tatra komme, sondern auch nach Košice oder bis fast an die ukrainische Grenze. Auch das ist ja wegen der Kompaktheit des Landes an sich kein Umstand; selbst aus Košice kann ich an einem Tag die Rückreise nach Bayern bewältigen.